商務印書館壹佰貳拾年紀念
SINCE1897

创于1897

商务印书馆创立120年

昌明教育

商务印书馆与中国教育学发展

侯怀银 李艳莉 著

创于1897 商务印书馆
The Commercial Press

2017年·北京

图书在版编目(CIP)数据

昌明教育:商务印书馆与中国教育学发展/侯怀银，
李艳莉著.—北京:商务印书馆,2017
ISBN 978 - 7 - 100 - 13939 - 7

Ⅰ.①昌…　Ⅱ.①侯…②李…　Ⅲ.①商务印书馆—
关系—教育事业—研究—中国　Ⅳ.①G239.22②G52

中国版本图书馆 CIP 数据核字(2017)第 105335 号

昌明教育:商务印书馆与中国教育学发展
侯怀银　李艳莉　著

商 务 印 书 馆 出 版
(北京王府井大街 36 号　邮政编码 100710)
商 务 印 书 馆 发 行
北京顶佳世纪印刷有限公司印刷
ISBN 978 - 7 - 100 - 13939 - 7

2017 年 12 月第 1 版　　　　开本 700×1000　1/16
2017 年 12 月北京第 1 次印刷　　印张 14
定价:42.00 元

目　录

序　言

　　曾任商务印书馆总经理的王云五指出："出版界与一国之文化有密切关系。"由此，作为学术思想传播和交流的中介与平台，出版机构的创办和发展及其出版物的发行，不仅对一国文化的保存和推陈出新、全民族素质的提高有重要作用，而且也有助于学术研究传承和学科建构，有助于强化学术研究气氛，促进不同学术流派的形成和竞争。

　　商务印书馆诞生之际正值晚清时期，是西方思想、科技等不断影响我国的时期。教育学同样如此，是不断接受外国教育学影响以及与本国政治、经济、文化等相互融合而形成并发展起来的。商务印书馆作为出版机构，在传播外国教育学以及推动中国教育学发展方面发挥了不可估量的作用。可以说，诞生时间略早于中国教育学的商务印书馆，于先期便意识到其在服务教育、提升民众素质方面的作用。1902年，商务印书馆的灵魂人物之一张元济在应夏瑞芳的邀请加入商务印书馆时，便与其约定："吾辈当以扶助教育为己任"。在此理念以及"昌明教育，开启明智"的办馆宗旨的引导下，商务印书馆编定教科书直接服务于中小学教育教学实践，以书籍、《教育杂志》等出版物为平台，"译述关于教育之新学理"，介绍和出版国人最新的教育学著作，推动教育学中国化、教育学科学化以及教育学学科体系的构建，尝试办幼稚园、尚公学校和函授学校，以先进的教育理念和教育学理论直接进行教育实验和改革。通过教育学术出版和教育实践、实验等有关"教育""教育学"的多方位活动，随之意识到教育学与教育发展间的关系，以及中国教育学人加入商务印书馆等因素的影响，推动中国教育学发展也逐渐成为商务印书馆的任务和使命之一。

商务印书馆奠定了近代出版的起点，也是近代教育学术出版的起点，为近代中国教育、教育学的发展做出了卓越的贡献，在中国近代教育学发展舞台中占据重要的地位，其在教科书、近代教育思潮传播等方面的地位也被充分肯定并受到关注。有关商务印书馆及其相关方面的研究成果日益丰富，包括商务印书馆出版的书籍、期刊以及发行的电影等研究，商务印书馆的企业制度、经营管理研究，商务印书馆与文化传播研究，商务印书馆馆史资料研究，商务印书馆人物研究，商务印书馆教育实践研究等方面。

综观这些研究，关于商务印书馆聚集的中国教育学人群体的研究尚不够细致。研究者还没有系统整理和分析商务印书馆内中国教育学人的角色以及群体特点。虽然已有研究已经提及《教育杂志》作者群体，但是这与商务印书馆内中国教育学人群体还有所不同，因缺乏商务印书馆内整体中国教育学人群体的呈现，一定程度上影响了人们对商务印书馆何以能够出版教育学类书籍以及推动教育学发展作用的认识。此外，对商务印书馆出版的教育学类著述急需深入整理和分析。从已有研究成果来看，相关著作已经再现了商务印书馆出版的西方教育学著作、国人自己编著的教育学著作，以及《教育杂志》发表的相关教育学文章，但多停留在呈现、罗列层面，尚未上升到解析相关教育学著述与教育学中国化、科学化、学科体系、学科独立性关系的层次。因此，有必要在原有资料的基础上，系统分析相关教育学著述，按照中国教育学发展路径，解析商务印书馆在中国教育学学科建设方面所做出的贡献。

到目前为止，尚未有一部专门以商务印书馆与中国近代教育学为题目的专著，更谈不上系统梳理商务印书馆聚集的近代中国教育学人群体及其为教育学发展所做出的贡献，全面认识商务印书馆的出版物对近代教育学中国化、科学化以及学科体系构建所做的贡献，以及商务印书馆教育实验对近代教育、教育学发展的促进作用。因此，在回顾商务印书馆和中国教育学走过的百年发展历程的同时，很有必要转换视角，专门就商务印书馆与中国教育学发展进行全面审视，为当前教育学术出版以及出版社推动教育学发展提供启示。

本书旨在对商务印书馆与中国教育学发展进行比较全面而又系统的研究，试图围绕商务印书馆与中国教育、中国教育学发展关系这一主题，勾勒商务印书馆引进和传播西方教育学、推动中国教育学发展的过程和努力，为当前商务印书馆乃至教育学术出版更好地推动中国教育学发展提供历史借鉴。研究的基本思路为：第一，研究商务印书馆产生及与中国教育、教育学的水乳交融关系，具体展现办馆宗旨与办馆人的教育情怀，以及馆内聚集的中国教育学人群；第二，通过对商务印书馆译介出版的西方教育学论著、《教育杂志》对西方教育学的译介传播的考察，描绘商务印书馆推动西方教育学在中国传播的整体画面；第三，以商务印书馆出版的国人撰写的教育学论著、《教育杂志》对中国教育学研究的本土探索为切入点，探寻商务印书馆与中国教育学学科建设发展的内在逻辑；第四，对商务印书馆与近代教育实践和实验进行研究，再现尚公学校、函授学校等本土教育实践情形；第五，揭示商务印书馆对中国教育学发展的影响，指出商务印书馆在中国教育学发展中的重要地位，并就出版社如何传播西方教育学、发展中国教育学等形成相关认识。

我们在开展这项研究工作时，指导思想很明确，即必须尽可能多地占有第一手可靠的资料，并对历史资料进行全面、客观的分析，试图全面系统而又深入地揭示商务印书馆与中国教育学发展的关系。虽然本书还有不尽如人意之处，但我们可以称得上是尽心尽力了。

在本书的撰写过程中，我们参考了不少相关研究成果和文献资料，直接引用的在书中已标明，有些并未一一标注，在此一并表示感谢！同时，感谢商务印书馆于殿利总经理，我们于2014年11月在山西大学相遇，期间我提到了这一选题，于总欣然答应，并将其作为商务印书馆120周年馆庆项目。感谢商务印书馆太原分馆李智初总编辑对本书的大力支持，也感谢责任编辑史慧敏的辛勤劳动。

第一章 商务印书馆与教育的关系

　　商务印书馆创立于1897年，由夏瑞芳、高凤池、鲍咸恩、鲍咸昌四人共同集资四千元而建。商务印书馆诞生之初以印刷业为主，承担一些报表业务等，并以印行《华英初阶》等字典、辞典而起家，但是那时候的商务印书馆"实际上不过是一个印刷家，不能算是出版家"。随着1902年张元济先生入馆并组织编译所，尤其是1902～1904年晚清政府颁布新学制后，"为着辅助那时候最初颁行的新教育，开始编辑所谓'最新教科书'，商务印书馆的地位才由印刷家而进为出版家"①。同时，张元济入馆后，商务印书馆明确了"吾辈当以扶助教育为己任"，宣告了其与教育的密切关系。编印教科书成功后，商务印书馆在教育界的地位进一步凸显，其发展模式为当时其他出版机构竞相模仿。之后，商务印书馆另一位核心人物王云五于1921年进馆，并对编译所进行了改革，按学科进行分组，成立国文部、哲学教育部、史地部等不同机构，同时网罗了大批学科专家和人才，也会聚了一批中国教育学人。各学科专家以及其中的教育学者、教育学研究者，从专业角度出发，有效地推动了商务印书馆各学科及其教育类、教育学类图书的出版。同时，商务印书馆继续印行中小学教科书和《辞源》《四部丛刊》、百衲本《二十四史》等，使其逐步成为国内最大的出版家。当然，商务印书馆在发展中也遭遇了日军轰炸，使其出版的书籍绝大多数被毁坏，东方图书馆也付之一炬。但是，商务印书馆仍然坚持每日出版一册新书，复刊《东方杂志》，编印《大

---

① 王云五《王云五文集6：岫庐八十自述》（上册），江西教育出版社，2011年，第238页。

学丛书》。可以说，商务印书馆在"吾辈当以扶助教育为己任"的指导下，一直服务于当时大中小学教育及其教科书的出版，会聚了一批中国教育学人，进一步推动了中国教育变革和中国教育学发展。

一、商务印书馆的初创与发展

商务印书馆自1897年诞生到1949年，经历了初创期（1897～1904）、发展期（1904～1932）、恢复期（1932～1937）、衰落期（1937～1949）。在长达半个世纪的发展历程中，商务印书馆由"印刷家"发展为"出版家"，且出版规模、营业额等迅速扩大，各项组织机构逐步完善，科学管理法等也被应用，成为当时出版界的执牛耳者。在这一过程中，商务印书馆与教育关系密切，出版了大量优秀的大中小学教科书。当然，商务印书馆也与教育学的发展关系密切，通过书籍、《教育杂志》译介了西方教育学，推动了中国教育学的发展。

（一）商务印书馆的初创（1897～1904）

1897年2月11日，夏瑞芳、高凤池、鲍咸恩、鲍咸昌四人共同集资四千元，在上海江西路德昌里三号"租屋三楹，经营印刷"，共同创立了商务印书馆。商务印书馆"初仅有印书两架"[1]，只是一个"专以代人印商业文件"[2]，以赚钱为基本目的，获得相应利润的小印刷厂。此时，夏瑞芳等人意识到了"编译书报为开发中国急务"，并开始积极筹划由印刷转为出版，以扩大商务印书馆的事业。1898年，商务印书馆迁至北京路，"有房十二楹，添购机器"[3]。在此基础上，商务印书馆于同年出版了我国近代第一部学术著作《马氏文通》。同时，夏瑞芳等人意识到社会上学习英语的风气日盛，尤其是十里洋场的上海更是如此，遂开始着力开发英语教材。他们特地聘请了谢洪赉牧师等，将英国政府为印度殖民地编写的《印度读本》翻译为汉

---

[1] 吴冕《参观商务印书馆印刷厂记》，《复旦杂志》，1918年第6期，第4页。

[2] 大木《商务印书馆创办人鲍咸昌》，《工商新闻》，1947年第97期，第5页。

[3] 《商务印书馆简史》，《政治评论》，1933年第74期，第815页。

语，亦于1898年出版了我国第一部双解汉英词典《华英初阶》《华英进阶》，并将其分为上下两册出版。该词典一经出版大受欢迎。1899年，商务印书馆又出版了《商务印书馆华英字典》。1900年，商务印书馆以低价盘进日本人在上海经营的修文印书局，这又使得商务印书馆学会了应用近代印刷术印刷出版物，使其实力有所增强，出版业务继续拓展。此时的商务印书馆看到教科书市场的巨大潜力，并开始进行出版教科书的尝试，翻译和出版了日本教科书。1902年张元济进馆后，不仅招添股款充实资本，还进一步意识到，商务印书馆不能仅局限于印书和出版日本教科书，要在出版界站稳脚跟，还必须大胆地朝出版业发展，聘用有学识的人，成立编译所，出版自己的教科书和报刊等。1902年，商务印书馆开始在北福建路建印刷所，在唐家卫设编译所，聘请蔡元培为编译所所长，在棋盘街设发行所，尝试策划选题、组织发行等。也正是这一年，商务印书馆第一部混合教科书《文学初阶》问世。1903年10月，商务印书馆正式成立商务印书馆有限公司，并在汉口设立了第一个分馆。此时，《奏定学堂章程》颁布后，张元济按照《奏定小学章程》筹划编撰了我国第一套小学分科教科书——《最新教科书》。1904年，商务印书馆又编印了《女子小学教科书》和《最新中学教科书》。至此，商务印书馆初步发展，生产规模初具，且开始出版与教育关系密切的教科书，吸收了蒋维乔、庄俞等教育学人入馆担任编辑。

（二）商务印书馆的发展（1904～1932）

1904年，商务印书馆开始在上海闸北宝山路东建总厂，占地80多亩，内含总务处、印刷所、编译所、东方图书馆等。1915年，在张元济的支持下，商务印书馆设立总务处，"是为统辖全公司之最高机构"，决定全公司的行政、用人和财政事务。除总务处外，还设立了印刷所、编译所、发行所。由此，商务印书馆形成一个集中且分层次的管理体制，在分工协调下有条不紊地开展各项业务。① 此外，1921年王云五进馆后，对编译所进行了改革，

---

① 叶宋曼瑛《从翰林到出版家——张元济的生平与事业》，香港商务印书馆，1992年，第146页。

按学科进行分组，成立国文部、哲学教育部、史地部等不同机构，同时网罗了大批学科专家和人才，各学科专家从其专业角度出发，有效地推动了商务印书馆各学科图书的出版，满足了读者的需求。不仅如此，王云五还引进了科学管理法，使得商务印书馆的硬件设备、资本以及营业额等节节攀升。在此期间，商务印书馆拥有铸字间、排字间、校对间、制版间、雕刻间、石刻间、铅印间、照相间、装订间，其营业房屋数目也不断增加，如表1-1所示：

表1-1　商务印书馆历年营业房屋建设数目及价钱表

年代（年）	1897	1907	1912	1913	1916	1917	1919	1920	1921
数　目	2	2	1	3	3	3	2	5	4
原价（千元）	72	159	58	46	70	16	91	23	190
估价（千元）	64	143	52	41	64	14	64	17	113
年代（年）	1922	1923	1924	1925	1926	1927	1928	1929	1930
数　目	6	4	6	5	7	1	2	1	5
原价（千元）	340	125	167	159	185	9	36	2	211
估价（千元）	193	65	112	124	64	4	13	1	60

资料来源：《商务印书馆营业概况》，《中行月刊》，1931年第4期，第126页。

从上表可以看到，商务印书馆自1897年至1930年的营业进展经过，其建筑房屋数目不断增加。当然，商务印书馆自1912年至1920年，"建筑房屋虽不下二十余所，而规模均极狭小，费用亦颇微弱；至1921年，则范围不断扩大，而且建筑费用，次渐增加，盖此时适当新文化运动之后，各种出版书籍，如雨后春笋，公司努力扩充印刷工场，增设各地分馆"[①]。由此，商务印书馆在"西学东渐"、新文化运动、图书馆运动等契机下，得以在北京、杭州、武昌、烟台、扬州、安庆、九江、南京、重庆、宁波、香港、新加坡、横滨

① 《商务印书馆营业概况》，《中行月刊》，1931年第4期，第126页。

等18个城市组织代销处，使得出版拥有了较为广泛的发行基础。[①]通过妥善经营和精密安排，商务印书馆出版图书种类日益增多。截至1930年，商务印书馆共出版图书8039种18708册。[②]在此基础上，商务印书馆营业额逐步增加，如下图1-1所示：

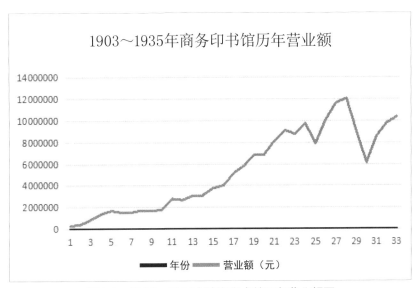

图1-1　1903～1935年商务印书馆历年营业额图

资料来源：《商务印书馆历年资本比较表》，《同行月刊》，1936年第4卷第12期。

由上图可见，商务印书馆历年营业额整体呈现稳步增长态势。其中，1903年总营业额为30万元，1935年已达到10363293元，33年间翻了34.54倍。在营业额不断增加的基础上，商务印书馆的资本亦逐渐增加，如图1-2所示：

---

① 汪家熔《商务印书馆创业诸君》，《商务印书馆史及其他——汪家熔出版史研究文集》，中国书籍出版社，1998年，第12页。
② 李泽漳《三十五年来中国之出版业》，张静庐《中国现代出版史料》，中华书局，1959年，第390页。

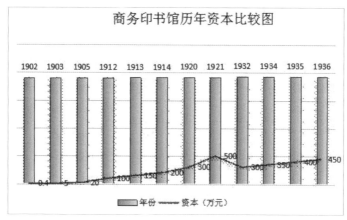

图1-2　1902～1936年商务印书馆资本比较图

资料来源:《商务印书馆历年资本比较表》,《同行月刊》,1936年第4卷第12期。

　　由此,商务印书馆资本由最初的4000元,增加至1921年的500万元,以及1936年的450万元,翻了1200多倍。商务印书馆不仅实现了资本的逐步积累,而且营业种类日益繁多,"编印学校图书、古今国学、科学、参考书、丛书、杂志,承印中外书报、证券、股票、印花、贴头、招纸、广告、簿册、单据、名片、柬帖,制造铅版、纸版、电镀铜版、照相彩色铜版、锌版、木版、各种教育文具、玩具、体育器械、印刷业用品、华文打字机、印刷机器、中西铅字、铜模、花边、花图、纸张、油墨、国语、英语、留声机器片、美术徽章、欧美原版西书、照相器具,不胜缕述"[①]。种类齐全的出版,使商务印书馆可以全面满足教育、商业等各种事业。

　　值得一提的是,商务印书馆在资本、营业额逐步增加,在出版界占据重要地位的同时,与教育的关系也更加密切,除一如既往地出版各类教科书外,还注重创办教育类专业学术刊物,出版教育学类图书,开展教育实验。1905年尚公学校、1909年养真幼稚园的创办,显示了商务印书馆"以试验世界最新教育为职志",而非停留在教科书的出版和教育学理的译述和介绍

---

① 《商务印书馆》,《妇女旬刊》,1927年第288、289、290期合刊,第727页。

上。[①]1909年2月，商务印书馆又创办了专业教育刊物《教育杂志》，涉及各级各类教育、中西教育等研究，成为当时教育学界讨论和交流教育学术的平台，也为教育工作者汲取最新的教育思想和教育学术成果提供了媒介。不仅如此，此时期商务印书馆成立哲学教育部后，成为聚集教育学专家、学者的阵地和学术机构，唐钺、范寿康、高觉敷、朱经农等均聚集于此。对于刚毕业两年多的高觉敷来说，进入商务印书馆哲学教育部就好像"考入了一个研究院"，哲学教育部就像"哲学教育学科的研究所"。[②]正是由于会集了诸多专攻教育学的专家、学者的哲学教育部的存在，商务印书馆编译和出版了教育学分支学科的各类书籍[③]，有力地推动了中国教育学学科体系的构建。

（三）商务印书馆的恢复（1932～1937）

1932年1月29日10时，日军刻意轰炸了商务印书馆。日军飞机向宝山路上的商务印书馆总厂投下六枚炸弹，印刷厂、制造总厂、栈房等建筑顿成火海、浓烟四起。这次轰炸后，商务印书馆各种印刷机器全部被烧毁，46万册珍贵的古籍化为灰烬，就连十里开外的法租界，也从空中随风飘下焦黄的《辞源》《二十四史》残页。四天之后，当时马路对面的东方图书馆，也被潜入的日军放火焚烧。商务印书馆损失巨大，据统计，总厂、编辑所、东方图书馆、尚公小学房屋、教育用品等损失达16330506元。[④]当然，商务印书馆的损失远不能用钱来衡量，各种珍贵典籍等均不复存在。商务印书馆损失惨重，但其"自觉负荷我国文化责任之重"，于1932年8月1日起成立总管理处，代替总务处，复业上海发行所，并筹备小规模印刷制版等厂。复业后，商务印书馆教科书仍能充分供给，辞典、教授修业等重要参考书亦可照常供给，《东方杂志》《英语周刊》《儿童世界》以及《儿童画报》四种杂志于10月份先行复刊和发行。

---

① 《商务印书馆附设尚公学校改组概况》，《教育杂志》，1922年学制课程研究号，第11页。

② 高觉敷《回忆我与商务印书馆的关系》，《商务印书馆九十年：我和商务印书馆（1897—1987）》，商务印书馆，1987年，第347页。

③ 侯怀银《中国教育学发展问题研究——以20世纪上半叶为中心》，山西教育出版社，2008年，附录部分。

④ 《商务印书馆损失统计》，《民众周报》，1932年第216期，第9～10页。

《东方杂志》复刊后，加了国文、艺术、妇女、教育等专栏，以弥补原先订阅小说、教育、妇女杂志等的读者因相关刊物没有复刊而无法阅读相关信息的缺憾。商务印书馆的新书仍源源不断地出版，仍以尽力介绍中西名著为主旨。[1]

总体来说，商务印书馆复业期间，"鉴于学术救国之重要，于同年十一月一日，宣布每日出版新书至少一种，五年以来，从未间断，且逐渐增加至每日三四种，教科书及大部书尚不与焉"[2]。由此可知，商务印书馆为满足全国教育事业的需求，教科书、参考书等出版物依旧占据重要地位。同时，由于《教育杂志》停办，商务印书馆通过《东方杂志》传达各种教育信息。此外，出版教育学类书籍依旧是题中之义，且注重出版新书。以1934年1月到6月出版的教育学类书籍为例，如表1-2所示：

表1-2　1934年1月到6月商务印书馆出版教育学类书籍统计表

类　别	书　名	作　者
教育原理	教育与群治	赵演 译
	自然主义与教育	薛文蔚 著
	天才心理与教育	赵演 著
	过渡时代之思想与教育	蒋梦麟 著
	各国教育的哲学背境（景）	陈礼江等 译
教育史与教育状况	近代西洋教育发达史	陈明志、唐毅 译
	比较教育	陈作樑、刘家壎 著
	德国新兴教育	张安国 译
教育测验	教育测验	陈选善 著
教学法	小学各科新教学法之研究	钟鲁斋 著
职业教育	职业教育概论	庄泽宣 著
	日本之职业教育	潘文安 著
校舍及学校设备	学校之建筑与设备	李清悚 著
初等教育	玩具教育	王国元 著

资料来源：《商务印书馆本年一月至六月出版新书》，《出版周刊》，1934年第93期，第23～24页。

---

[1] 大公《最近之商务印书馆》，《中国新书月报》，1932年第9～10合刊，第35～36页。
[2] 《商务印书馆110年大事记（1897—2007）》，商务印书馆，2007年，第153页。

从上表可以看出，商务印书馆复业期间，出版的教育学类书籍依旧涉及教育学各分支学科，教育原理、教育史、教育测验、教学法、比较教育等均在其中。此外，上述教育学类书籍呈现著作居多、译述减少的态势。以前述两项来看，商务印书馆复业期间，依旧注重推动教育学中国化以及完善教育学学科体系。

（四）商务印书馆的衰落（1937～1949）

1937年抗日战争全面爆发，商务印书馆于长沙设总管理处，并在上海、香港设办事处。抗战初期，商务印书馆并没有因为战争而过多地影响书籍出版和刊物发行，相继出版了《中华民族的人格》《逻辑》《中国算学史》《南洋华侨与闽粤社会》《钟祥方言记》等著作，还创办了《文学杂志》《东方画刊》《健与力》等刊物，编印了《职业学校教科书》以及与抗战活动密切相关的《抗战小丛书》《战时常识丛书》等。1945年后，由于通货膨胀速度较快，商务印书馆的出版已经难以维持，出版物种类和数量都有所减少。不仅如此，1947年国民政府实行"固定本教科书开放版权"，致使商务印书馆失去了多年来出版教科书的优势。由于出版利润有所下降，资金难以支持，以及出版教科书优势的丧失等，商务印书馆至1947年已经负债累累。

在此情势下，商务印书馆虽出版教育学类书籍，但数量亦逐步减少。此阶段出版了张宗麟《教育概论》、范任宇《教育概论》、赵廷为《小学教材及教学法通论》、沈雷渔《小学各科教学法》、龚启昌《哲学普通教学法》、朱智贤《小学课程研究》、吴增芥《初等教育》等。就数量来看，与前一阶段难以匹敌；就学科体系的完善和分支学科体系的构建来看，并没有新兴教育学分支学科的出现。

二、办馆宗旨与出版人的教育情怀

法国汉学家戴仁在其著作中指出，一般而言，"出版社有两副根本面目，理想的一面和商业的一面，一家出版社的名声在很大程度上取决于二者的调和程度"①。毋庸置疑，盈利是商务印书馆的追求之一。无论是初期出版的第一部出版物《华英初阶》，还是之后的教科书、辞典等，均为其带来了丰厚的利润。《华英初阶》1898年出版后"行销极广，利市三倍"②，为商务印书馆做大做强奠定了经济基础。当然，商务印书馆的追求绝不只是商业的一面，还有理想的一面。张元济入商务印书馆之初便明确了"吾辈当以扶助教育为己任"③，并以此作为出版方向。此后，商务印书馆更是利用出版物服务发扬本土文化和宣传介绍西洋文化，"谋沟通中西以促进整个中国文化之光大"④。因此，商务印书馆刊刻了《四部丛刊》《二十四史》等，还有汉译世界名著、现代教育名著以及其他各科丛书。就商务印书馆出版现代教育名著来看，与其办馆宗旨和馆内出版人的教育情怀和出版理想密切相关。在商务印书馆的发展史上，最重要的三位主政者夏瑞芳、张元济、王云五，他们的共同特点在于一方面看到出版的商业利益，另一方面，在其教育情怀的引领下，看到了出版也是一项文化事业、教育事业。可以说，在"教育救国论"、意识到教育之于国家发展的重要性等因素的影响下，三位灵魂人物以扶助教育为己任，一以贯之地引导商务印书馆编印教科书、译介传播西方教育学，推动了中国教育学的发展。

（一）夏瑞芳的教育情怀

商务印书馆的创始人夏瑞芳，字粹方，1871年出生于江苏青浦（今上海市）一个贫寒的家庭。在其出生时，夏瑞芳的父亲因为家庭贫困而"鬻其田宅"，到上海董家渡摆摊做生意。夏瑞芳年少时，母亲迫于家庭生计，也离家到上海一个美国牧师家里当了保姆。由于无人照料年幼的夏瑞芳，父母只得把他安置在乡间亲戚家里生活。夏瑞芳11岁时，"已有智识"，由于长期

---

① 原文出处为〔英〕查尔斯·莫根《麦克米伦出版社》，伦敦麦克米伦出版社，1944年，第5页。参见〔法〕戴仁《上海商务印书馆：1897—1949》，李桐实译，商务印书馆，2000年，引论第4页。

② 蒋维乔《创办初期之商务印书馆与中华书局》，《中国现代出版史料》，中华书局，1959年，第396页。

③ 张树年《张元济年谱》，商务印书馆，1991年，第43页。

④ 何炳松《商务印书馆被毁纪略》，《东方杂志》，1932年第4期，第3页。

不能和母亲生活在一起，想让母亲将自己带到上海一起生活。虽然母亲特别想带他到上海，但为生活所迫，却无能为力。当然，在母亲偷偷离家后，夏瑞芳并没有放弃，"知母必取道珠家阁，尾追之，中途阻于河，不得渡，乡人以小舟至，求附载，乡人以其幼也，勿之许"，他"乃大号曰，若勿载我，我将投河死，乡人悯之，乃移舟傍岸，遂得渡。行抵珠家阁，遇母于船埠，母怜其志，乃掣之至上海"。①到了母亲当保姆的牧师家后，牧师见夏瑞芳聪明伶俐，便决定将他留在家里。不久，在牧师的帮助下，夏瑞芳被送进美国基督教长老会清心堂分设在南市的一所教会小学里读书。对于来之不易的读书机会，夏瑞芳倍加珍惜。他发奋苦读，常常因读书疲劳过度而趴在桌子上睡着。②由于夏瑞芳刻苦攻读，小学毕业时，他以优异的成绩升入了清心书院。在清心书院学习时，夏瑞芳结识了不少同学，其中与鲍咸恩、鲍咸昌和鲍咸亨三人最为要好。鲍氏兄弟毕业后，被学校推荐到美华书馆当学徒，老大咸恩学刻字，老二咸昌学排字，老三咸亨学印刷。

夏瑞芳虽然因父亲去世后家庭更加贫困而被迫放弃学业，但几年的教育经历，加之报馆的工作经历，使其生活轨道自此改变。他认识到接受教育和出版工作的重要意义，并坚定不移地踏上了为出版、为出版服务教育而不懈努力的人生道路。夏瑞芳1914年遇刺身亡后，挽联中这样写道："夏氏以手民创成绝大公司，诸名士附之，相得益彰，助成我国教育影响殊大。名利兼收，不惟书业之巨擘，抑亦商界之伟大也……"③可以说，夏瑞芳基于当时出版字典、教科书的商业利益和服务于儿童学习诵读的双重考虑，意识到商务印书馆出版教科书对教育的重要作用。当然，夏瑞芳也看到了教育对出版的推动，以及出版离不开诸多文化、教育名人的襄助。包天笑在其回忆录里称夏瑞芳"不是旧日的那种老书贾"④，因自己文字知识有限，虽不算是文化人，但其长处却是能识人、能用人。在夏瑞芳的努力下，商务印书

---

① 蒋维乔《夏君瑞芳事略》，《同舟》，1934年第2卷第6期，第3页。

② 蔡元培《夏瑞芳先生传》，《商业杂志》，1928年第3卷第1期，第1～2页。

③ 《挽夏瑞芳联》，《香艳杂志》，1914年第2期，第1页。

④ 包天笑《钏影楼回忆录》，香港大华出版社，1971年，第230页。

馆另一位核心人物张元济进馆,且蒋维乔、庄俞等人均被网罗其中。这对商务印书馆的发展起到了巨大的促进作用,形成了商人、出版人以及文化人、教育人互为结合的商务印书馆共同体,导引了商务印书馆后来的发展路径,商业利润和学术传播相得益彰。总之,夏瑞芳虽然文化水平不高,但是凭借其对出版的敏锐,对出版之于教育关系的关注,为商务印书馆"成为全中国书业的巨擘"[1]奠定了基础,无怪乎胡愈之曾高度评价夏瑞芳"是民族资本家中的一个杰出人物"[2]。

(二)张元济的教育情怀

商务印书馆核心人物之一张元济,号菊生,浙江海盐人,生于1867年,卒于1959年,是中国近代出版史上的关键人物。光绪壬辰(1892),张元济中进士,曾任总理各国事务衙门章京,戊戌变法失败后被革职。与同时代的蔡元培等读书人相同,张元济同样认识到中国要维新,要"开启明智",必须要普及教育、兴办学堂。1896年,他给汪康年的信中提出"今之自强之道,自以兴学为先"[3]。基于此种认识,同年,张元济便和陈昭常等人创办了教授西学的通艺学堂,1898年则出任南洋公学管理译书院事务兼总校,注意译书的选题意义,注重翻译社科书籍。1902年,张元济应夏瑞芳之约进入商务印书馆,在兴学和普及教育思路的指引下,进一步明确了出版机构应扶助教育。在《东方图书馆缘起》一文中,张元济曾回忆道:"光绪戊戌政变,余被谪南旋,侨居沪读,主南洋公学译书院,得识夏君粹芳于商务印书馆。继以经费短绌,无可展布,即舍去。夏君招余入馆任编译。余与约,吾辈当以扶助教育为己任,夏君诺之。"[4]可以说,张元济在最初维新办教育、兴学堂,推动中国改革和进步思路的引领下,亦将此教育情怀延续到商务

① 包天笑《钏影楼回忆录》,香港大华出版社,1971年,第236页。

② 胡愈之《回忆商务印书馆》,果鸿孝《中国著名爱国实业家》,人民出版社,1988年,第70页。

③ 《张元济全集(第2卷)》,商务印书馆,2007年,第169页。

④ 张元济《东方图书馆概况缘起》,《商务印书馆九十五年: 我和商务印书馆(1897—1992)》,商务印书馆,1992年,第21~22页。

印书馆，从搜寻图书、出版教科书、办教育类刊物等方面，推动了中国教育文化事业的发展。

就东方图书馆来看，进入商务印书馆第二年，张元济便开始设立编译所图书资料室（1909年取名"涵芬楼"），并以"求之坊肆，丐之藏家，近走两京，远驰域外"为图书搜求原则，开展了大规模的图书寻访活动。在发展过程中，涵芬楼先后收盛氏"意园"、丁日昌"持静斋"、缪荃孙"艺风堂"的大部分藏书，所积达十余万册之多。1924年，涵芬楼改名为"东方图书馆"，1926年对外开放。1929年，东方图书馆增设儿童图书馆，藏书共达518000余册，舆图、碑帖5000余种，其中有很大部分是古籍善本和孤本，外国杂志、报纸、图书也极完备，藏书质量和规模居当时全国图书馆之首。东方图书馆为保存中国文化典籍、交流传播西方学术以及便于研究者查阅资料发挥了重要作用。就出版教科书来看，张元济进馆当年，清政府颁布了倡导兴学的《学堂章程》，并于1905年废除科举，这使成百上千的与传统私塾、书院不同的新式学堂在全国各地纷纷成立。在此契机下，加之认为办教育就应当编辑出版编写得体、符合教育教学规律、适合中国国情的教科书，且教科书的影响关系到一代乃至几代中国人的知识结构、思维方式的改变，张元济开始筹划编教科书，并编写了从小学、中学到大学的全套教科书。[1]如创编小学《最新国文教科书》，"开中国学校用书的新纪录，且此书出版后，全国欢迎，未及数月，行销至十余万册"[2]。就办教育类刊物来看，张元济还推动了《教育杂志》《小说月报》等刊物的出版发行。《教育杂志》成为当时影响力最大的教育刊物，在译介西方教育学术、推动中国教育学发展、介绍中西教育状况以及培养青年教育学研究者等方面发挥了巨大作用。

张元济曾于1952年年初写了名为《别商务印书馆同人》的诗，该诗的内容为"昌明教育平生愿，故向书林努力来，此是良田好耕植，有秋收获仗群

---

① 吴方《仁智的山水——张元济传》，上海文艺出版社，1994年，第109～123页。

② 唐锦泉《回忆张元济先生在商务印书馆的几件事》，《出版大家张元济：张元济研究论文集》，学林出版社，2006年，第4页。

才"。在诗中，张元济再次表明了自己平生的志向是昌明教育，在此引导下爱书、读书，且将商务印书馆与中国教育的现代性变革联系起来，推动中国社会和教育变革。

（三）王云五的教育情怀

王云五（1888～1979），广东香山（今中山）人，名鸿桢、字日祥、号岫庐，笔名出岫、之瑞、龙倦飞、龙一江等，现代出版家，曾任商务印书馆总经理。王云五与教育的关系密切，也拥有丰富的教育实践经历。王云五自小便接受了私塾教育，虽然因大哥去世而改变了教育命运，但是在"素性却颇喜欢读书"的影响下，一直坚持半工半读，足见其对教育与自我成长和发展的重视。同时，王云五自十七八岁起，便与教师结下了不解之缘，曾担任过北京大学、国民大学、中国公学大学部等校教授。在担任教师期间，王云五还注重教育教学改革。如早在益智书室任教时，王云五就对该校的年终考试、文法教学以及教学参考书等进行了改革。因此，王云五早年的教师经历，对其教育兴趣和教育情怀的养成具有重要的影响。他在自述中曾提到了这一点，"从十七八岁开始担任教师，对教育颇感兴趣"，同时"对于清末教育制度不大满意"。①在此，王云五提出了革新中国教育制度的相关主张，凸显了其对教育的关注和革新。

1921年，王云五由胡适推荐到商务印书馆编译所工作。在商务印书馆的25年时间里，王云五始终坚持以"教育普及，学术独立"为出版方针。在此方针的指导下，王云五还注意到了商务印书馆不能仅停留在编印中小学教科书，应在各级各类大教育门类指导下编印师范丛书、大学教科书等。因此，在其进入编译所之际，便注重"编印参考用的工具书，如《辞源》《新字典》等，稍后从治学门径着手，编印各科入门之小丛书，《商业小丛书》《师范小丛书》《算学小丛书》《医学小丛书》《体育小丛书》"。之后，王云五在"国内各大学之不能不采用外国文图书者，自以本国文无适当图书可用，而

————————
① 王云五《王云五文集6：岫庐八十自述》（上册），江西教育出版社，2011年，第62页。

其弊凡任高等教育者皆能言之。本馆见近年日本学术之能独立，由于广译欧美专门著作与鼓励本国专门著作，窃不自揣，愿为前驱，与国内各学术机关各学者合作，从事于高深著作之译撰"的考虑下，积极筹划出版大学教科书。在其努力下，商务印书馆出版的大学教科书，一方面推动了中国高深学术的发展，另一方面也使大学教师的讲义得以出版，从而有助于学术研究的本土化，且更加适合大学生学习。

除重视出版和教育的关系外，王云五还发表了一系列教育类文章，如《孔孟的教育思潮》《中国古代教育思潮》《荀卿的教育思潮》《庄子的教育思潮》《墨子的教育思潮》《最近三十五年之中国教育导言》《随便想起的几个教育问题》《从奢侈说到教育》《今后学校教育的几个目标》《漫谈高等教育》《谈教育机会均等问题》等文章。这些文章进一步体现了王云五并没有停留于纯粹的教育实践层次的思考，而是上升到教育思想的高度，其中包含了五育并举教育思想、教育机会均等观、对社会教育以及当时中国教育实践的重视等。

总之，正是因为浓厚的教育情怀，王云五注重教育教学实践改革，并在商务印书馆发展中提出了"教育普及，学术独立"的出版方针，推动了商务印书馆教科书出版的系列化，形成了大中小学教科书的出版体系，也使得中国本土教科书逐步成形和发展。

三、商务印书馆的中国教育学人群

商务印书馆由一个"印刷家"发展为一个集出版书籍、发行期刊、办各类教育的"出版家"和"大教育机关"，其发展与新学制的颁行等时代机遇密不可分，但是更离不开聚集于此的一群人。在推动教育学的发展中，商务印书馆通过出版教育学书籍、刊发教育学文章以及吸纳编辑等，会聚了一批中国教育学人。可以说，他们在推动中国教育学发展中发挥了关键作用，使得商务印书馆成为引领教育改革和推进中国教育学发展的重要阵地。

（一）中国教育学人群概况

商务印书馆作为出版机构，因出版书籍、刊发教育学文章而会集了诸多中国教育学人。因为出版教育学论著更能体现中国教育学人的学术追求以及为中国教育学发展所做出的贡献，因此，笔者首先以附录3为研究对象，展现在商务印书馆出版自编或自著教育学论著的中国教育学人群体概况，如表1-3所示：

表1-3　商务印书馆出版自著教育学论著的中国教育学人概况表[①]

姓　名	自撰论著数	《教育杂志》刊文数	学历/职业
庄泽宣	8	16	美国普林斯顿大学教育与心理学博士 清华大学、中山大学等校教授
马宗荣	5.5	28	东京帝国大学教育科 暨南大学、大夏大学等校教授
范寿康	5	1	东京帝国大学教育与哲学硕士 商务印书馆编译所编辑
蒋维乔	5	50	商务印书馆编辑，光华大学等校教授
钟鲁斋	5	24	士丹佛大学教育学博士 沪江大学等校教授
程其保	4	9	哥伦比亚大学教育学博士 东南大学教育系教授
赵廷为	4	50	北高师英语教育系 沪江大学、中央大学等校教授，商务印书馆编辑
沈百英	4	45	商务印书馆编辑、商务印书馆尚公学校校长
孟宪承	3.5	6	华盛顿大学教育学硕士 东南大学、圣约翰大学等校教授
艾　伟	3	13	哥伦比亚大学心理学硕士、华盛顿大学哲学博士 东南大学、中央大学等校教授
陈东原	3	9	哥伦比亚大学师范学院硕士 安徽大学等校教授

[①] 第一，因在商务印书馆出版自著教育学论著的中国教育学人较多，笔者主要选取既有自著论著，又在《教育杂志》发文1篇以上者为研究对象；第二，为方便计算，凡是两个人署名的书籍，每个作者按0.5本处理；第三，表中凡是加粗的人名，均在笔者整理的20世纪中国教育学家名单之中。

（续表）

姓　名	自撰论著数	《教育杂志》刊文数	学历/职业
陈礼江	3	18	芝加哥大学硕士 中山大学等校教授
陈友松	3	41	哥伦比亚大学师范学院哲学博士 大夏大学、厦门大学等校教授
程瀚章	3	1	—
程湘帆	3	4	哥伦比亚大学师范学院硕士 大夏大学等校教授
杜佐周	3	38	爱俄华州立大学哲学博士 武汉大学、厦门大学、暨南大学等校教授
姜　琦	3	26	哥伦比亚大学硕士 暨南大学、大夏大学等校教授
雷通群	3	50	厦门大学教育学院等校教授
刘百川	3	8	江苏第八师范学校 淮阴中学实验小学教员，四川大学、金陵大学等校教授
卢绍稷	3	4	大夏大学教育学学士 上海中学注册主任、师范科主任
罗廷光	3	12	哥伦比亚大学硕士 东南大学、湖北省立教育学院等校教授
舒新城	3	33	成都高师教授，中华书局编辑
吴增芥	3	16	中央大学教育学学士 中央大学、浙江大学等校教授
萧恩承	3	1	—
张九如	3	12	—
张宗麟	3	6	东南大学教育系毕业并留校任教
朱元善	3	18	《教育杂志》和《学生杂志》主编
廖世承	2.5	27	美国布朗大学博士 东南大学等校教授
陈选善	2	63	哥伦比亚大学硕士 清华大学、圣约翰大学、大夏大学等校教授
高觉敷	2	36	北京高师、香港大学教育系 商务印书馆哲学教育部编辑，勷勤大学等校教授
古　楳	2	3	南京高师 中山大学、江苏省立教育学院等校教授
郭秉文	2	5	哥伦比亚大学教育学博士 东南大学校长

（续表）

姓 名	自撰论著数	《教育杂志》刊文数	学历/职业
何清儒	2	82	哥伦比亚大学师范学院博士 齐鲁大学、清华大学等校教授
华 超	2	4	—
华林一	2	6	南京高师 东南大学教授
黄觉民	2	118	菲律宾大学、哥伦比亚大学硕士 大夏大学、四川大学等校教授，《教育杂志》主编
蒋径三	2	9	台州省立第六师范学校 勷勤大学等校教授，商务印书馆编辑
潘文安	2	12	—
陶孟和	2	1	伦敦大学经济学博士 北京高师、北京大学等校教授
王骏声	2	4	—
王书林	2	9	—
吴俊升	2	17	巴黎大学教育哲学博士 北京大学等校教授
熊子容	2	3	留学华盛顿大学 复旦大学、光华大学、大夏大学等校教授
俞子夷	2	67	南洋公学等校 江苏省立第一师范附属小学校长，南京高师等校教授
张雪门	2	4	北京大学教育系 北平幼稚师范学校校长，私立民国学院等校教授
朱经农	2	15	哥伦比亚大学师范学院 商务印书馆哲学教育部部长，北京大学等校教授
陈兼善	2	17	—
陈鹤琴	1.5	10	哥伦比亚大学硕士 东南大学教授
高 卓	1.5	17	—
张 怀	1.5	1	比利时鲁汶大学教育学科博士 中央大学、辅仁大学等校教授
常导之	1	97	哥伦比亚大学师范学院硕士 北京师大教授
陈 侠	1	4	西北师范学院 人民教育出版社编审

（续表）

姓 名	自撰论著数	《教育杂志》刊文数	学历/职业
丁重宣	1	11	北京高等师范学校教育研究科进修
董任坚	1	3	康奈尔大学教育学硕士 东南大学、光华大学等校教授
杜亚泉	1	4	秀才 商务印书馆编辑
高践四	1	3	康奈尔大学硕士 江苏省立教育学院等校教授
龚启昌	1	3	中央大学教育系 中央大学等校教授
胡 毅	1	3	芝加哥大学博士 湖南大学、华中大学等校教授
黄炎培	1	46	江苏省教育司长
贾丰臻	1	111	江苏省立第二师范学校校长
蒋梦麟	1	13	哥伦比亚大学教育学博士 北京大学教授
金澍荣	1	13	北京师大教育系教授
李化方	1	2	东京文理科大学教育系 河北省教育厅科长
李石岑	1	21	日本高等师范 商务印书馆编辑，《教育杂志》主编
陆费逵	1	18	商务印书馆编辑，《教育杂志》主编
邱 椿	1	5	哥伦比亚大学师范学院哲学博士 清华大学等校教授
任白涛	1	35	日本早稻田大学政治经济科 《民立报》等通讯员
盛振声	1	6	山西区小学教务主任
邰爽秋	1	9	哥伦比亚大学教育博士 大夏大学、光华大学等校教授
太 玄	1	152	蒙彼利埃大学教育硕士学位 法国国家理学博士学位
汤鸿蠹	1	3	—
王承绪	1	7	伦敦大学教育学院教育硕士 浙江大学教授
王凤喈	1	2	芝加哥大学教育心理学博士 中央大学等校教授

（续表）

姓　名	自撰论著数	《教育杂志》刊文数	学历/职业
吴研因	1	15	商务印书馆编辑，尚公学校校长
萧孝嵘	1	30	柏克莱加州大学心理学、哲学博士 中央大学教授
熊翥高	1	4	江阴县教育局
许公鉴	1	3	大夏大学教授
杨嘉椿	1	1	—
余家菊	1	6	北京高师教育研究科、留学爱丁堡大学 中华大学教授
袁伯樵	1	5	金陵大学教授
周子同	1	12	北京高师 复旦大学教授，《教育杂志》主编
周越然	1	2	商务印书馆函授学社副社长、英文科科长
朱鼎元	1	1	—
宗亮东	1	4	斯坦福大学教育硕士 并到哥伦比亚大学师范学院研究

　　由上表可见，商务印书馆通过出版教育学论著，《教育杂志》刊载教育类文章，或聘任其担任编辑，将中国教育学人聚集于此。具体来说，第一，就其职业来看，有纯粹的大学教授，有大学教授同时担任商务印书馆编辑，有纯粹的商务印书馆编辑，也有教育行政人员以及中小学教师。同时，在大学教授中，又多是留学国外修习教育学归来的硕士、博士，而且多数是哥伦比亚大学师范学院毕业。第二，与商务印书馆关系密切程度越高，出版书籍和发表文章数越多。其中，范寿康、沈百英、蒋维乔、蒋径三等既是商务印书馆编辑，又是大学教授，他们能更有效地利用商务印书馆这一平台，出版教育学论著，发表相关文章。第三，商务印书馆还聚集了其他出版机构的编辑。舒新城就职于中华书局期间，在商务印书馆出版了教育学论著并发表了相关文章，足见商务印书馆的开放性和吸引力。

　　此外，商务印书馆通过《教育杂志》这一当时最具影响力的教育学术刊物，还聚集了诸多中国教育学人。因人数众多，笔者主要根据曾整理的

"20世纪中国教育学家小传"，加之《教育杂志》发表文章的作者，整理了下表：

表1-4　《教育杂志》与20世纪中国教育学家[1]概况表

姓　名	篇　数	姓　名	篇　数	姓　名	篇　数	姓　名	篇　数	姓　名	篇　数
庄　俞	74	范源濂	1	杨贤江	49	李建勋	3	许崇清	3
夏承枫	5	汪懋祖	6	林砺儒	6	陈科美	34	李廉方	2
傅统先	7	胡国钰	1	傅葆琛	4	章　益	1	傅任敢	7
董渭川	6	朱智贤	2	欧元怀	8	张栗原	2	滕大春	1
张耀翔	49	陈景磐	1	王秀南	12	史国雅	1	张敷荣	1
檀仁梅	1	侯鸿鉴	62	沈子善	6	何炳松	5	沈灌群	1
陈一百	4	瞿菊农	1						

由上表可知，商务印书馆通过《教育杂志》，聚集了32位中国教育学家。他们与在商务印书馆出版教育学论著的中国教育学人一样，有纯粹的大学教授，也有大学教授，同时担任商务印书馆编辑，也有纯粹的商务印书馆编辑。通过《教育杂志》，他们发表了对中国教育以及中国教育学的相关看法和意见。

（二）中国教育学人群的角色

著名社会学家戈夫曼的拟剧理论认为，社会和人生是一个大舞台，社会成员作为这个大舞台上的表演者，都十分关心自己如何在众多观众面前塑造能被人接受的形象。人们为了表演，会区分出前台和后台。前台是让观众看到并从中获得特定意义的表演场合；后台是为前台表演做准备，掩饰在前台不能表演的东西的场合。[2]商务印书馆聚集的中国教育学人群生活在晚清民国时代，教育学等西方学科开始进入中国，新式高等教育机构以及近代出版机构开始诞生和发展，这样一个大舞台决定了商务印书馆聚

---

[1] 中国教育学人的名单、学历及履历，详见：http://blog.sina.com.cn/s/blog_5b8fc2380100tfjf.html。

[2] 侯均生《西方社会学理论教程》，南开大学出版社，2006年，第261～262页。

集的中国教育学人在"前台"表演时，兼具多重角色。他们有些是商务印书馆的编辑，有些是大学教授，有些是中小学教师，有些则是兼具编辑和大学教授双重角色，有些是留学哥伦比亚大学等校专攻教育学的硕士、博士等。正是因为具有多重角色，这些教育学人承担了中国教育学发展的多重任务。

第一，沟通中西，介绍西方教育学的最新动态。我国教育学并非中国本土自发生成的学科，而是"西学东渐"的产物。因此，在中国教育学的发展中，不可避免地要向西方学习。在这一过程中，商务印书馆很早便明确了出版西方教育学论著，介绍西方教育学术的出版宗旨，也在这一方面做出了重要的贡献，而这离不开聚集于此的中国教育学人。以陈友松、陈科美为例，二人借助《教育杂志》这一平台，介绍了美国教育电影、教育局、师范教育以及教师状况等，也翻译介绍了国外著名教育杂志上刊载的西方学者的教育学文章，一些西方教育学论著也被介绍进来。当然，不仅是陈友松、陈科美，蒋径三、陈选善、太玄、朱元善等人也对德国教育学、苏俄教育学、日本教育学等研究动态及其各国教育动态进行了介绍。因此，商务印书馆聚集的中国教育学人因为留学经历的便利，以及学习、借鉴西方教育学以推动中国教育学发展的愿望，成为沟通中西，向国内传输西方最新教育动态、教育经典，以及最新教育学论著的中介。

第二，立足中国，推动中国教育、教育学发展。中国教育学在学习西方教育学的基础上产生，但是一味模仿并不能解决中国教育学的根本问题。因此，商务印书馆在立足中国本土、继承中国传统的基础上，特别注重推动中国教育学发展，解决中国本土的教育问题。商务印书馆聚集的中国教育学人无疑是推动中国教育学发展的主力军，他们通过出版自撰教育学论著，对中国教育问题进行关注和剖析，构建了中国教育学的框架体系。以姜琦为例，他对教育的一系列根本性问题进行了研究，提出教育就是一种生产力等观点，并对中国教育现实问题进行了研究，指出"中国教育确是有缺陷的，中国社会是一个农业经济组织的社会，而教育却是模仿欧、美及日本的工业经济组织社会的教育政策。这种教育为'乐育英才主义'的教育"。

同时，他还对作为一门学科的教育学、教育史学科等进行了探索，著有《欧战后之西洋教育》（商务印书馆1929年版）、《西洋教育史大纲》《教育史》（商务印书馆1932年版）、《现代西洋教育史》（商务印书馆1935年版）等，其中《西洋教育史大纲》是我国学者撰写的第一本外国教育史著作。

第三，教书育人，培养新生代的中国教育学人。张元济在日记中曾写道："蒋梦麟来谈，学界需要高等书。谓'一面提高营业，一面联络学界'。"[1]可以说，商务印书馆在出版教育学论著时，实现了出版界和学术界的沟通。因此，商务印书馆聚集的中国教育学人的另一重身份，也是最主要的身份，即大学教授，且主要是大学教育学院的教授。教育学教授的身份决定了他们最基本的职责是教书育人，也就是通过教学，将教育学传授给学生。董纯才曾写道："上大学以后研究教育，孟宪承先生是我的老师。"[2]通过孟宪承的言传身教，董纯才的教育理论得到一定提升。此外，一些大学教授，如古楳，在中山大学教育系任教期间，一面讲授乡村教育课程，一面推进乡村实验小学的发展。在确立了合作的乡村小学后，古楳率乡村教育实习班学生下乡做各种测量，诊断现实状况，以便针对实际情况进行改进。[3]

第四，商务印书馆聚集的中国教育学人，有些还是本馆的编辑，如何炳松、沈百英、李石岑、范寿康、赵廷为等。其中，李石岑、何炳松、赵廷为等曾任《教育杂志》主编。就其编辑身份，何炳松等在出版和刊发教育学著作、文章时，还会从编辑的视角出发，注重出版和刊发最优秀、最能代表中国教育学发展的书籍和文章。因此，商务印书馆出版了中国教育学论著的诸多"第一"，也从学科体系构建出发，出版了教育学分支学科体系的相关著作，通过著作和文章传达中国教育学人的学术思想。总体来看，商务印书馆因聚集的中国教育学人角色多重，使中国教育学通过学术出版、教书育人、科学研究实现了全方位发展。

---

① 张树年《张元济年谱》，商务印书馆，1991年，第159页。

② 董纯才《从读者到作者》，《商务印书馆九十年：我和商务印书馆（1897—1987）》，商务印书馆，1987年，第381页。

③ 古楳《三十五年的回忆》，民生印书馆，1935年，第86~89页。

第二章　商务印书馆与西方教育学的传播

何炳松曾明确指出商务印书馆的贡献"之荦大者,计有四端","即教育教材之供给、中外名著之印行,实际教育文化事业之举办,国货之提倡"。[①]可见,商务印书馆除出版了大量教科书供学校使用外,还印行了一批西方名著。就教育学而言,商务印书馆在"教育救国"理念和匡助教育文化事业的追求下,借助编译所下设的哲学教育部,以及聘用的大量具有中西文化背景的知识分子等,译介出版了大量西方教育学论著。同时,《教育杂志》作为民国时期影响力最大的教育刊物,也成为介绍西方教育状况、西方教育学著作,以及西方教育学说的重要阵地。可以说,商务印书馆借助书籍、报刊等媒介,逐步成为译介出版西方教育学的引领者,使其成为近代中国接触西方教育学,了解世界教育趋势的重要途径。同时,从汪懋祖所指出的模仿和创造的关系来看,即"模仿为人类本能之一端。文化之所以传递,教育之所以可能,多倚于此"[②],商务印书馆译介出版的西方教育学著述,有助于为国人提供可资借鉴的模式,有利于中国教育学在西方已有基础上迅速成长。当然,西方教育学的译介传播和引进,也使中国教育学在发展中产生了不可避免的依赖性,忽视了本土传统,这也是译介和传播西方教育学所需要正视和规避的问题。

---

① 何炳松《商务印书馆被毁纪略》,《东方杂志》,1932年第4期,第3页。

② 汪懋祖《现时我国教育上之弊病与其救治之方针》,《教育丛刊》,1923年第4卷第4集。

一、商务印书馆译介出版的西方教育学论著

晚清时期，由于挽救民族危亡，出现了"西学东渐"的热潮，开始学习西方的先进理念，引进西方的先进学科。有研究者指出，洋务运动和戊戌变法时期近代学术新潮还处于萌芽状态[①]，随着辛亥革命时期巨大的政治变动和西方文化的大量输入，各种新型学科开始引进。伴随着新学科的引进，中国古代的经、史、子、集被哲学、伦理学、心理学、教育学、社会学、政治学等按逻辑进行分类的学科所取代。[②]可以说，近代中国社会迈入现代化过程，由于是"后发外生型"，且需要尽快学习西方以救亡图存，使其只能向西方引进各类学科，西方教育学赫然在列。此外，1894年，中国在甲午战争中惨败，维新志士愤然觉醒，决定通过维新运动实现国家的改良。在维新派的主张中，其一便是办师范学堂。梁启超指出："欲革旧习，兴智学，必以立师范学堂为第一义。"[③]师范学堂、师范教育的兴起，使设置教育学类课程成为必然。由于中国古代并没有教育学学科，这又为西方教育学的引进提供了契机。在引进西方教育学的过程中，商务印书馆作为出版机构，译介出版了大量西方教育学论著。

（一）译介出版西方教育学论著的总态势

据《商务印书馆图书目录（1897～1949）》"教育"一条，自1903年起至1949年，商务印书馆共译介出版192本西方教育学论著，与20世纪上半叶国人引进的248本国外教育学书目相比，占77.42%。因此，商务印书馆在20世纪上半叶不遗余力地译介出版了大量西方教育学论著，为推进西方教育学在中国的引进，为国人了解和参照西方教育学以及中西教育学交流等做出了重要的贡献。

---

① 黄兴涛、胡文生《论戊戌维新时期中国学术现代转型的整体萌发——兼谈清末民初学术转型的内涵和动力问题》，《清史研究》，2005年第4期，第36页。
② 李喜所《辛亥革命时期学术文化的变迁》，《史学集刊》，2003年第1期，第38页。
③ 梁启超《论师范》，《梁启超全集 1》，北京出版社，1999年，第29页。

此外，商务印书馆译介出版的西方教育学论著在译介出版时间、引进国家、译介学科等方面有所不同，具体情况如图2-1和图2-2所示。

1. 译介即时且时间较为连续

商务印书馆译介西方教育学论著在各年分布上有所不同，具体特点如下：

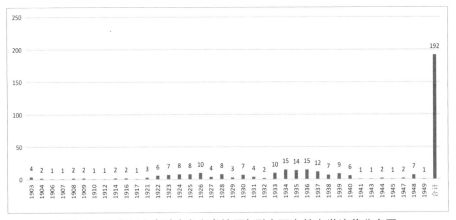

图2-1　20世纪上半叶商务印书馆历年引介西方教育学论著分布图

由上图可见，第一，译介出版西方教育学论著时间段较为连续。从1903年起至1949年的47年时间里，商务印书馆译介出版西方教育学论著的时间达38年，仅1905年、1911年、1913年、1915年、1918年、1919年、1920年、1942年、1946年没有引进。由此，商务印书馆鉴于"教育救国"、西方教育学著作的重要性等原因，注重每年均译介出版西方教育学论著，且每年平均译介出版5本左右，在译介出版西方教育学论著和传播西方教育学方面发挥了重要作用。

第二，译介出版西方教育学论著具有即时性。据笔者所掌握的资料来看，商务印书馆自1903年开始译介出版西方教育学论著，译介时间早体现在三个方面：其一，与20世纪上半叶国人最早引进教育学的时间相比，译介出版时间较早。作为一门学科的西方教育学的引进，"以《教育世界》第9、10、

11号（1901年9～10月）连载的、日本文学士立花铣三郎讲述、王国维翻译的《教育学》为起点"[1]。可见，我国最早于1901年引进西方教育学，商务印书馆是1903年，仅晚了两年，与京师大学堂译书局、广智书局等时间一致。其二，与壬寅癸卯学制颁行时间距离近。1902年8月和1904年1月，晚清政府先后颁布了壬寅学制和癸卯学制，并在1905年设学部、废科举，从而结束了统治我国1300多年的科举制度。此后，全国中小学堂猛增。据统计，1902年全国学生数为6912人，1905年发展到258876人，是1902年的37倍。据清政府学部1910年的统计，全国有初等学堂51678所，学生1532746人，是1905年学生数的6倍。[2]学生、学堂激增，为师范教育的兴起提供了契机，而师范教育的兴起又使教育学课程设置成为必然。在此形势下，商务印书馆以其对教育、文化的敏锐性，在新学制颁布之初便译介出版了日本的学校卫生学、学校管理学等。其三，与建馆时间相隔不远。如前所述，商务印书馆1897年建馆后，起初注重承接报表等印刷业务，后出版辞典积累了原始资本。当然，商务印书馆在"昌明教育，开启民智"宗旨的引领下，及早关注了教科书，以及西方教育学著作的引进和出版。

第三，"一·二八"事变影响了西方教育学论著的译介出版。总体来看，商务印书馆历年译介出版西方教育论著的数量较为平稳，但在1922年至1928年、1932年至1940年呈现两个高峰期。一方面，就1922年至1928年来看，新文化运动的兴起和发展以及杜威等教育家来华，推动了了解西方教育学术的热潮，也使译介出版西方教育学论著成为重心；另一方面，就1932年至1940年来看，虽然1932年"一·二八"事变对商务印书馆的发展产生了较大影响，使其难以在正常环境下安心译介出版，但事实上，这一时期商务印书馆译介出版的西方教育学论著并没有减少，反而稳步上升，这与前述提到复业期间商务印书馆鉴于学术救国的意义和竭尽全力恢复发展有密切关系。

---

[1] 周谷平《近代西方教育学在中国的传播及其影响》，《华东师范大学学报（教育科学版）》，1991年第3期。

[2] 郑登云《中国近代教育史》，华东师范大学出版社，1994年，第157、159页。

第四, 抗战开始后, 尤其是1941年以后, 商务印书馆译介出版西方教育学论著的数量整体下滑。1941年至1949年, 共译介出版15本, 每年大约出版1本, 与20世纪上半叶商务印书馆每年大体译介出版5本难以相比。因此, 在抗日战争、内战等不稳定因素的干扰下, 商务印书馆译介出版西方教育学论著受到了一定的影响。

2. 译介国别以美、日为主且逐步扩大

商务印书馆译介的西方教育学论著在引进国别方面也有所区别, 如图2-2所示:

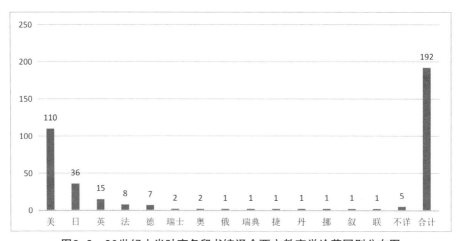

图2-2　20世纪上半叶商务印书馆译介西方教育学论著国别分布图

由图2-2可见, 第一, 译介出版美国教育学论著最多。就商务印书馆译介出版的192本西方教育学论著所属国家来看, 美国有110本, 占总译介数的57.29%, 是日本的3倍左右, 是英、法、德的7倍、13倍、15倍左右; 日本位居第二, 相关教育学论著有36本, 占总译介数的18.75%, 又分别是英国、法国、德国的2.4倍、4.5倍、5倍; 英国位居第三, 相关教育学论著15本, 占总译介数的7.81%; 法国位居第四, 有8本, 占总译介数的4.17%; 德国位居第五, 有7本, 占总译介数的3.65%。

第二, 译介欧美教育学论著超越日本教育学论著。商务印书馆译介出

版的192本西方教育学著作中, 除5本国别不详的论著外, 译介出版日本教育学论著36本, 其余150本为欧美教育学论著, 1本为叙利亚教育学论著。由此可见, 由于目睹东邻强盛、路近、同文、师范学堂多日本教习以及留日学生多等因素, 商务印书馆最初译介出版日本教育学论著最多。随着留学欧美, 尤其是留美学生大量回国, 新文化运动后民主、科学等新思想的传播以及"中国教育必须取法西洋"①等呼声日渐强烈, 加之赫尔巴特教育学本身的一些弊病和缺陷日益暴露②, 我国开始放眼美国甚至是世界范围吸收教育学, 呈现欧美教育学论著译介出版数量超越日本的趋势。

第三, 译介出版的国别逐步扩大。商务印书馆除主要以美国、日本为主进行引进外, 还注意对英、法、德, 以及瑞士、瑞典、挪威、丹麦、奥地利、叙利亚、捷克、俄国等教育学论著的引进, 如译介出版了瑞典爱伦凯的《儿童的教育》(沈泽民译, 1923)、德国康德的《康德教育论》(瞿菊农编译, 1926)、法国卢梭的《爱弥儿》(魏肇基译, 1929)等。同时, 就20世纪上半叶国人引进西方教育学所属国家来看, 商务印书馆译介出版国家最多, 其他出版机构更多译介出版美、日教育学论著, 并未涉及叙利亚、俄国、捷克等国教育学。当然, 除5本译著国家不详外, 其他12个国家共译介出版41本, 仅是美国教育学论著的37.27%, 且仅比日本教育学论著多5本。由此可见, 商务印书馆在视野扩大的同时, 也存在对其他国家教育学论著译介出版及其教育学状况关注不够的问题。

3. 译介学科全面且为实践和研究服务

商务印书馆译介的西方教育学论著在教育学科方面也有所区别, 如图2-3所示:

---

① 陈独秀《近代西洋教育——在南开学校演讲》,《新青年》, 1917年第5号。

② 周谷平《近代西方教育学在中国的传播及其影响》,《华东师范大学学报(教育科学版)》, 1991年第3期。

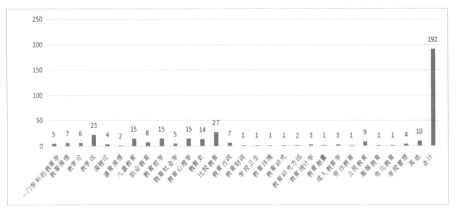

图2-3　20世纪上半叶商务印书馆历年引介西方教育学学科分布图

由上图可见,第一,译介出版的教育学科比较全面。商务印书馆译介出版的教育学科有作为一门学科的教育学、教育原理、教学论、教学法、课程论、德育原理、儿童教育、职业教育、教育哲学、教育社会学、教育心理学、教育史、比较教育、教育行政、教育财政、学校卫生、教育环境、教育研究、教育研究方法、教育统计学、教育测量、成人教育学、劳作教育、公民教育、电化教育、学校管理、高等教育27个,与20世纪上半叶国人引进的27个西方教育学科相比而言,占100%。由此可见,商务印书馆几乎将国人引进的西方教育学科都进行了译介出版。

第二,译介出版的教育学科为师范学校、大学教育学院课程服务。可以说,教育学科的译介出版最初是应师范学校开设教育学课程之需。因此,教育学、教授法、教育史、教育心理学、学校管理法、教育行政、教授学、学校卫生学译介出版的比较多,而这些学科也正是当时师范学校、教育学院中的课程。可见,商务印书馆译介出版的教育学,主要为师范学校、大学教育学院教育学课程服务,而这尤为体现在最初译介出版的日本教育学论著多是学校管理、学校卫生、教育史、教育心理学等学科,而后译介出版的欧美教育学论著,也为大学教育学院所开课程服务,成为其参考书目或教材,如暨南大学教育学院教育原理的参考书目有美国密勒的《密勒氏人生教育》(郑宗海、俞子夷译,1921)、日本吉田熊次的《新教育学》(蒋维乔译,1909)、英国斯宾塞的《教育论》(任鸿隽译,1933)。[①]

第三,译介出版的教育论著注重与中国实际相结合。引进必须达到"以我为主""食而化之"。随着"教育学中国化"的提出并逐渐走向成熟,商务印书馆开始结合中国教育实践去引进西方教育学。如赵演在改译美国学者查浦曼(J. C. Chapman)、康茨(G. S. Counts)的《教育原理》"译者序"中明确提出:"鉴于该书例证全系采自美国,且处处就美国情况而论,故译者采取改译的办法。一切外国材料不能适用者,尽行删除,易以中国材料。且设法就中国情况而论,使读者觉得书中所讨论的即是中国的教育原理。"虽然译者已声明"此种理想未能充分达到"[②],但已说明中国教育学者开始重视引进与中国教育实践的结合。

第四,译介出版的教育学论著注重为教育研究服务。商务印书馆译介出版了教育测量、教育统计学、教育研究法等学科,主要有美国塞斯顿的《教育统计学纲要》(朱君毅译,1928、1933)、美国塞斯顿的《教育统计学纲要》(罗志儒译,1928)、美国葛雷德的《心理与教育之统计法》(朱君毅译述,1934)、美国谷德(C. V. Good)的《教育研究法》(李相勖、陈启肃译,1939)等。这些著作的直接译介出版,反映了当时商务印书馆对教育研究科学方法的重视。

第五,译介出版的教育哲学、比较教育、公民教育较多。在教育哲学论著中,商务印书馆多次出版了杜威的相关教育哲学论著,有《杜威教育哲学》(金海观等笔记,1921)、《平民主义与教育》(常道直编译,1922)、《明日之学校》(朱经农、潘梓年译,1927)、《民本主义与教育》(邹恩润译,1928年)、日本永野芳夫《杜威教育学说之研究》(林科棠译,1935)、《经验与教育》(曾昭森译,1940)等,全面系统地介绍了杜威教育哲学。在比较教育论著中,关于比较教育理论的探讨较少,仅有美国坎德尔《比较

---

① 《教育学院准开学程(十八年度)》,《暨南校刊》,1929年第4期,第3～4页。
② 〔美〕查浦曼、康茨《教育原理》,赵演改译,商务印书馆,1935年,译者序。

教育》（罗廷光、韦悫合译，1939、1940），其他西方教育学论著较多介绍了日本、俄国、欧美、英国等国外教育制度、教育实况等，形成了比较教育丛书。就公民教育论著而言，商务印书馆于1912年出版了由华南圭译述的《法国公民教育》，1923年出版了美国斯内登《公民教育》（陶履恭译），1935年出版了美国麦理安（梅里亚姆）《公民教育》（黄嘉德译）。此后，商务印书馆于1937～1939年出版了公民教育丛书，有日本高冈实《英国之成人教育》（陈清泉译，1937）、美国孟利欧《美国公民教育》（严菊生译，1937）、美国克拉夫、司乃德《意大利公民教育》（胡贻谷译，1937）、美国哈珀《苏联公民教育》（马复、曹建译，1937）、美国高士《英国公民教育》（黄嘉德译，1938）、美国布鲁克斯《瑞士公民教育》（鲁继曾译，1938）、美国彼得斯《公民教育详解》（鲁继曾译，1939）。由此可见，不同时间的重大事件，如杜威来华、留学生归国等，都会影响西方教育学论著的译介出版。同时，商务印书馆注重以公民教科书、公民教育论著完善教育体系，有助于推动国民素质的提升。

4. 各年、各国教育学科译介分布

商务印书馆除在译介时间、国别和学科上有所区别外，译介出版的教育学科在时间上、国别上亦有所区别。

（1）各年教育学科译介分布

商务印书馆译介出版的192本西方教育学论著，除10本无法明确归属相应学科外，其余182本相关学科分布时间如表2-1所示：

表2-1 商务印书馆译介出版教育学科时间分布表

学科＼时间	1901～1914年	1915～1926年	1927～1949年	合计（本）
教育学	1	0	4	5
教育原理	0	1	6	7
教学论	1	2	3	6
教学法	1	15	7	23

（续表）

时间 学科	1901～1914年	1915～1926年	1927～1949年	合计（本）
课程论	0	0	4	4
德育原理	0	0	2	2
儿童教育	0	4	11	15
职业教育	0	3	5	8
教育哲学	0	4	11	15
教育社会学	0	1	4	5
教育心理学	1	5	9	15
教育史	2	3	9	14
比较教育	4	1	22	27
学校管理	3	0	1	4
教育行政	1	0	6	7
教育财政	0	0	1	1
学校卫生	1	0	0	1
教育环境	0	0	1	1
教育研究	0	1	0	1
教育研究方法	0	0	2	2
教育统计学	0	0	3	3
教育测量	0	0	1	1
成人教育学	0	0	3	3
劳作教育	0	0	1	1
公民教育	1	1	7	9
电化教育	0	0	1	1
高等教育	0	0	1	1
合计（本）	16	41	125	182

由表2-1可知，商务印书馆在不同时间段译介出版的西方教育学论著有所区别，且不同时间段重点译介出版的学科有所不同，具体体现为：

第一，1901～1914年，1915～1926年，1927～1949年三个时间段译介出

版西方教育学论著呈阶段递增趋势。商务印书馆于这三个时间段分别译介出版相关著作16本、41本、125本。同时，商务印书馆于1927～1949年期间译介出版西方教育学论著数量占182本的68.68%，成为译介出版西方教育学论著的高峰期。这与大批留学生归来且中西交流日甚、译介出版视野逐步扩大等密切相关。

第二，商务印书馆于1901～1914年期间主要译介出版了教学论、教学法、教育心理学、教育史、学校管理、教育行政、学校卫生，这些学科多是当时师范学校中的课程。可见，此时商务印书馆译介出版西方教育学论著主要局限在师范教育范围内，且直接与学校管理、师范生训练相关。

第三，商务印书馆于1915～1926年期间主要译介出版了教学法、教育哲学、儿童教育、职业教育、教育史、教育心理学。可见，商务印书馆此时除继续译介出版教学论、教育史、教育心理学，为师范学校服务外，还注重译介出版教育哲学、儿童教育、职业教育、教育研究等。当然，就教学法来看，以译介出版设计教学法、道尔顿制居多，注重在教育实验热潮推动下译介出版直接为中小学教学改革服务的设计教学法等。就教育哲学来看，杜威来华推动了教育哲学译介出版的热潮。就儿童教育、职业教育来看，随着1917年中华职业教育社的成立、对幼稚教育研究的重视等，加大了此类学科的译介出版。其中，朱景宽编译的《职业教育论》（1916）是职业教育学科引进的第一部著作。就教育研究来看，美国吉特《教育之科学的研究》（郑宗海译，1924），是教育研究引进的第一部著作。[1]

第四，商务印书馆于1927～1949年期间译介出版的学科较为全面，既涵盖了为师范学校服务的教学法、教学论、学校管理、学校卫生，也译介了成人教育、教育社会学、教育测量、教育统计等新学科，且注重通过这些学科加强教育科学研究。其中，有些著作是我国引进的第一本教育学著作，美国塞斯顿《教育统计学纲要》（朱君毅译，1928）是我国引进的第一本教育

---

[1] 侯怀银《中国教育学发展问题研究——以20世纪上半叶为中心》，山西教育出版社，2008年，第42～43页。

统计学著作，美国波比式《课程》（张师竹译，1928）是我国引进的第一本课程著作，美国内务部教育署全国教育财政调查团《教育财政学原论》（陈友松译，1936）是我国引进的第一本教育财政学著作，日本细谷俊夫《教育环境学》（雷通群译，1938）是我国引进的第一本教育环境学著作，美国谷德《教育研究法》（李相勖、陈启肃译，1939）是我国引进的第一本教育研究法著作。

总体来看，1915年以后，尤其是1927年以后，商务印书馆基本对教育学科已分化的学科进行了译介出版。首先，从教育学自身进行分化所形成的学科来看，译介出版了教育原理、教学论、课程论、德育原理等，并适应教育对象扩大的需要，引进了职业教育、儿童教育等。其次，从教育学与其他学科交叉所形成的学科来看，译介出版了教育社会学、教育哲学、教育心理学、教育统计学、教育环境学、教育财政学等学科。最后，从对自身反思所形成的学科来看，引进了教育研究、教育研究法等学科。[1]

（2）各国教育学科译介分布

商务印书馆译介出版的192本西方教育学论著，除10本无法明确归属相应学科外，其余182本分布国家如表2-2所示：

表2-2 商务印书馆译介出版教育学学科各国分布表

国别\学科	美	日	英	法	德	俄	瑞典	捷	丹	挪	奥	叙	瑞士	不详	合计
教育学	2	1	0	0	2	0	0	0	0	0	0	0	0	0	5
教育原理	5	0	2	0	0	0	0	0	0	0	0	0	0	0	7
教学论	4	1	0	0	0	0	0	1	0	0	0	0	0	0	6
教学法	20	3	0	0	0	0	0	0	0	0	0	0	0	0	23
课程论	4	0	0	0	0	0	0	0	0	0	0	0	0	0	4
德育原理	1	0	0	0	1	0	0	0	0	0	0	0	0	0	2
儿童教育	2	2	1	3	2	1	1	0	1	0	1	2	0	0	15

---

[1] 侯怀银《20世纪中国教育学发展问题研究》，北京师范大学出版社，2011年，第180～181页。

（续表）

国别\学科	美	日	英	法	德	俄	瑞典	捷	丹	挪	奥	叙	瑞士	不详	合计
职业教育	6	1	0	1	0	0	0	0	0	0	0	0	0	0	8
教育哲学	8	1	2	2	1	0	0	0	0	0	0	0	1	0	15
教育社会学	4	0	1	0	0	0	0	0	0	0	0	0	0	0	5
教育心理学	11	3	1	0	0	0	0	0	0	0	0	0	0	0	15
教育史	6	4	2	1	0	0	0	0	0	0	0	1	0	0	14
比较教育	13	7	3	0	1	0	0	1	0	0	0	0	1	1	27
学校管理	1	3	0	0	0	0	0	0	0	0	0	0	0	0	4
教育行政	4	3	0	0	0	0	0	0	0	0	0	0	0	0	7
教育财政	1	0	0	0	0	0	0	0	0	0	0	0	0	0	1
学校卫生	0	1	0	0	0	0	0	0	0	0	0	0	0	0	1
教育环境	0	1	0	0	0	0	0	0	0	0	0	0	0	0	1
教育研究	1	0	0	0	0	0	0	0	0	0	0	0	0	0	1
教育研究方法	2	0	0	0	0	0	0	0	0	0	0	0	0	0	2
教育统计	3	0	0	0	0	0	0	0	0	0	0	0	0	0	3
教育测量	1	0	0	0	0	0	0	0	0	0	0	0	0	0	1
成人教育	2	1	0	0	0	0	0	0	0	0	0	0	0	0	3
劳作教育	0	1	0	0	0	0	0	0	0	0	0	0	0	0	1
公民教育	8	0	0	1	0	0	0	0	0	0	0	0	0	0	9
电化教育	0	1	0	0	0	0	0	0	0	0	0	0	0	0	1
高等教育	0	0	1	0	0	0	0	0	0	0	0	0	0	0	1
合计（本）	109	34	13	8	7	1	1	1	1	1	2	1	2	1	182

由表2-2可知，商务印书馆主要从美、日、英、法、德等国引进，以美国最多，日本次之。同时，就商务印书馆译介出版各国教育学科的论著来看，还呈现不同国家译介出版教育学科有所区别，总体呈现译介出版论著数量多、相应学科也较为全面的正态分布趋势。同时，各国还具有如下特点：就

美国来看,在译介出版的109本著作中,呈现译介学科较为全面,且以教学法、比较教育、教育心理学、教育哲学、教育社会学、教育原理、公民教育居多,而教育行政、成人教育、课程论、教育统计、教育研究方法也被译介出版,其中教育研究、教育研究方法等更是仅从美国引进,反映了直接向美国学习,加强教育科研的动机;就日本来看,在译介出版的34本著作中,译介教育学科类别少于美国,且多译介出版教学法、教学论、学校管理、教育史、教育心理学,保持为师范教育服务的特色;就英、法、德来看,译介出版数量少,译介出版学科也较少,主要集中在儿童教育、教育哲学、比较教育,更多考虑了借鉴这些国家的教育优势和翻译康德、卢梭等人的教育名著;就瑞士、捷克等国家来看,译介出版的教育学科较少,没有形成相应的特色。

5. 汉译世界教育名著

在商务印书馆译介出版的教育学著作中,还形成了"汉译世界教育名著"系列、"大学丛书"系列、"师范教育丛书"系列等不同类型。其中,汉译世界名著形成了品牌效应,原汁原味地吸收并引进了西方教育学,有助于国人仔细品读教育家的教育思想,其译介出版的汉译世界名著如表2-3所示:

表2-3　商务印书馆译介出版的汉译世界教育名著

国　别	作　者	书　名	译　者	出版时间
法　国	卢　梭	《爱弥儿》	魏肇基	1929年
英　国	斯宾塞	《教育论》	任鸿隽	1933年
美　国	桑代克	《成人的学习》	杜佐周、朱君毅	1933年
英　国	科　尔	《西洋教育思潮发达史》	于熙俭	1935年
德　国	赫尔巴特	《普通教育学》	尚仲衣	1936年
美　国	杜　威	《思维与教学》	孟宪承、俞庆棠	1936年
英　国	华勒士	《思想的方法》	胡贻谷	1936年
瑞　士	裴斯泰洛齐	《贤伉俪》	傅任敢	1937年
奥地利	阿德勒	《儿童教育》	包玉珂	1937年
美　国	吴伟士	《适应与娴熟》	张孟休	1937年
美　国	华　生	《孩童的心理教养法》	惠迪人	1938年

（续表）

国　别	作　者	书　名	译　者	出版时间
美　国	坎德尔	《比较教育》	罗廷光、韦悫	1939年 1940年
捷　克	夸美纽斯	《大教授学》	傅仁敢	1939年
美　国	桑代克	《成人的兴趣》	陈礼江、喻任声	1939年
美　国	杜　威	《经验与教育》	曾昭森	1940年
法　国 古希腊	卢梭、福禄贝尔、色诺芬	《莉娜及其他》	傅仁敢	1940年

由上表可知，商务印书馆自1929年至1940年11年间，共推出汉译世界教育名著16本，且呈现出如下特点：

第一，就作者国别来看，以欧美为主，且没有日本教育学论著。在这些著作中，尤以美国教育学论著居多，共7本，占总数的43.75%，其次为英国，共3本，占总数的18.75%，法国共2本，位居第三位，占总数的12.5%。由此可见，无论是从整体审视西方教育学论著译介出版，还是就汉译世界教育名著的出版来看，美国教育学论著均以显著优势压倒其他国家。同时，还可以明确的是，商务印书馆开启了从教育学原著国家直接引进的路径。以赫尔巴特《普通教育学》为例，之前更多是从日本引进赫尔巴特学派教育，汉译世界名著则直接参照英译本翻译《普通教育学》。当然，商务印书馆译介出版《普通教育学》，也说明实验主义教育学并没有完全取代赫尔巴特教育学，赫尔巴特教育学在我国教育学界仍有不小的影响。[1]

第二，就作者来看，以杜威、卢梭、桑代克的教育学论著为主。在这些著作中，杜威、卢梭、桑代克的相关著作均为2本，分别占总数的12.5%。此外，夸美纽斯、赫尔巴特、华生、斯宾塞、裴斯泰洛齐、色诺芬的教育学论著也赫然在列。由此，被公认为教育学独立和诞生标志的《大教学论》（又译为《大教授学》）、使教育学成为一门独立学科的《普通教育学》，都被商务印书馆译介出版。

---

[1] 郑金洲、瞿葆奎《中国教育学百年》，教育科学出版社，2002年，第24页。

第三，就书名来看，以再现教育家的教育哲学或思想为主。其中，汉译世界教育名著主要介绍了杜威、斯宾塞、夸美纽斯、赫尔巴特、卢梭、裴斯泰洛齐、福禄贝尔的教育学说或教育思想，同时也涉及行为主义心理学、外国教育史，但是这些与前者无法比拟。

第四，就译者来看，多是留学归来且在大学任教的教师。在这些译者中，可以明确的是，任鸿隽、杜佐周、朱君毅、尚仲衣、孟宪承、俞庆棠、罗廷光、韦悫、陈礼江9位均是留美学生，且除任鸿隽外，其余8位均是在国外研习教育学。具有留学经历的译者至少占总译者数的50%，既有留学经历且又专攻教育学的译者至少占总译者数的44.44%。其中，喻任声还是专门的翻译家。可以说，商务印书馆在具有留学经历且专攻教育学的译者的努力下，更好地还原了原著的精髓。

第五，就出版时间来看，出版时间较晚但是较为连续。商务印书馆汉译世界教育名著起始时间为1929年，与其专为师范教育翻译教学法、课程论的时间相比，起步比较晚。当然，商务印书馆自推动汉译世界教育名著后，几乎比较连续地出版，且有些年份，如1933年、1937年、1939年，至少每年译介出版2本，有力地推动了西方教育学原著在中国的引进、介绍和传播。

（二）译介出版的日本教育学论著

如上所述，商务印书馆共译介出版西方教育学论著192本，其中日本教育学论著占36本，其时间、学科分布状况形成了相应特点。

1. 译介时间

商务印书馆在译介出版日本教育学论著时，在时间分布上具有如下特点，如图2-4所示：

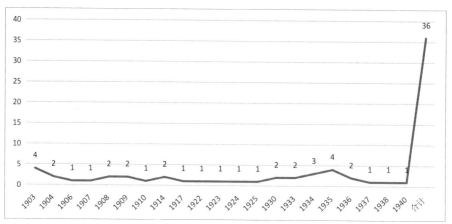

图2-4　商务印书馆译介出版日本教育学论著时间分布表

从上图可知，第一，译介日本教育学论著起始时间早，但译介有所中断。在译介西方教育学论著时，商务印书馆于1903年最早译介出版了日本教育学论著，这与晚清时期我国率先向日本学习取法教育学密切相关。同时，在译介日本教育学论著时，在1915～1921年和1926～1932年，1941～1949年期间有所中断。这与我国译介西方教育学论著开始直接取法西洋，且抗日战争爆发等有一定的关系。

第二，译介日本教育学论著时间集中于1903～1914年，1933～1938年。如上图所示，1903年至1914年12年间，共译介出版日本教育学论著15本，平均每年译介1.25本。同时，这一时间段内译介出版日本教育学论著较为连续。此外，商务印书馆于1933年到1938年6年间也较为持续地译介出版了日本教育学论著，共译介出版13本，平均每年译介出版2.2本。

2.学科及其各年分布

如上图所示，在译介出版的日本教育学论著中，主要集中在教学法、教学论、课程、教育史、教育心理学等学科。深入其中还会发现，商务印书馆译介日本教育学科在不同时期形成了相应特点，具体如表2-4所示：

表2-4　商务印书馆译介出版日本教育学学科分布表

时间 学科	1901～1914年	1915～1926年	1927～1949年	合计（本）
教育学	1	0	0	1
教学论	1	0	0	1
教学法	1	2	0	3
儿童教育	0	1	1	2
职业教育	0	1	0	1
教育哲学	0	0	1	1
教育心理学	1	1	1	3
教育史	2	0	2	4
比较教育	3	0	4	7
学校管理	3	0	0	3
教育行政	1	0	2	3
教育环境	0	0	1	1
学校卫生	1	0	0	1
成人教育学	0	0	1	1
劳作教育	0	0	1	1
电化教育	0	0	1	1
合计（本）	14	5	15	34

　　由表2-4可知，商务印书馆译介出版日本教育学学科各年分布具有如下特点：

　　第一，如前所述，商务印书馆于1901～1914年期间主要译介出版了日本的教学论、教学法、教育心理学、教育史、学校管理、教育行政、学校卫生等学科，直接满足当时师范学校中的课程和师范生训练的需要。

　　第二，商务印书馆在1915～1926年间，译介出版日本教育学论著逐渐减少，且除了教学法、教育心理学外，教学论、教育史、学校管理、教育行政、学校卫生不再被译述出版，此时商务印书馆主要从日本译介出版了教育哲学、职业教育、儿童教育方面的论著。

第三, 1927～1949年, 商务印书馆译介出版日本教育学论著增加的同时, 译介学科在前期基础上又有所增加, 电化教育、教育环境、成人教育学等相关著作被译介出版。

（三）译介出版的美国教育学论著

商务印书馆共译介出版西方教育学论著192本, 其中美国教育学论著占110本, 其时间、学科分布状况分别如图2-5, 表2-5所示:

1. 时间分布

就商务印书馆译介出版的美国教育学论著的时间分布特点来看, 如图2-5所示:

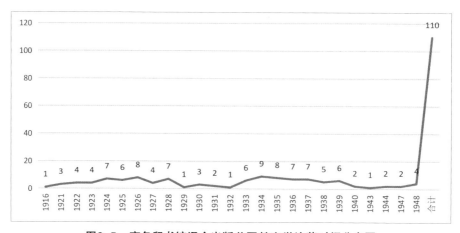

图2-5　商务印书馆译介出版美国教育学论著时间分布图

由上图可知, 商务印书馆译介出版的美国教育学论著具有如下特点:

第一, 译介出版的起步时间晚于日本。商务印书馆译介出版美国教育学论著始于1916年, 比日本晚13年。同时, 1904～1920年间, 商务印书馆仅于1916年译介出版了美国教育学。1921年后, 无论是商务印书馆还是整个中国教育学界, 均开始将译介、引进的重心转移到美国, 开始了从美国译介、引进教育学的历程。

　　第二，译介出版美国教育学论著同样有两个高峰期，即1921～1928年，1933～1939年。在1921～1928年7年间，商务印书馆共译介出版美国教育学论著43本，占总数的39.10%，且每年大体平均译介出版6本；在1933～1939年6年时间里，商务印书馆共译介出版美国教育学论著48本，占总数的43.64%，每年大体平均译介出版8本。

　　2. 学科及其各年分布

　　商务印书馆译介出版的110本美国教育学论著中，有109本可以明确所属学科类别。就这109本著作的译介时间来看，也形成了相应的分布特点，具体如表2-5所示：

表2-5　商务印书馆译介出版美国教育学学科分布表

学科 ＼ 时间	1901～1914年	1915～1926年	1927～1949年	合计（本）
教育学	0	0	2	2
教育原理	0	1	4	5
教学论	0	2	2	4
教学法	0	13	7	20
课程论	0	0	4	4
德育原理	0	0	1	1
儿童教育	0	0	2	2
职业教育	0	1	5	6
教育哲学	0	4	4	8
教育社会学	0	1	3	4
教育心理学	0	4	7	11
教育史	0	4	2	6
比较教育	0	1	12	13
学校管理	0	0	1	1
教育行政	0	0	4	4
教育财政	0	0	1	1
教育研究	0	1	0	1

（续表）

时间 学科	1901～1914年	1915～1926年	1927～1949年	合计（本）
教育研究方法	0	0	2	2
教育统计	0	0	3	3
教育测量	0	0	1	1
成人教育学	0	0	2	2
公民教育	0	1	7	8
合计（本）	0	33	76	109

由表2-5可知，商务印书馆译介出版美国教育学学科各年分布具有如下特点：

第一，1901～1914年期间，商务印书馆没有译介出版美国教育学论著，因此还没有译介出版美国教育学科。

第二，1915～1926年期间，商务印书馆开始译介出版美国教育学科，共译介出版33本著作，占总译介出版量的30%，且主要集中于译介出版教学法、教育哲学、教育心理学、教育史，还译介出版了职业教育、公民教育、教育社会学等。其中，教育社会学、教育研究等都是作为新学科引进并译介出版的，丰富了我国引进的西方教育学学科体系。

第三，1927～1949年期间，商务印书馆共译介出版77本著作，占总译介出版量的70%。同时，该阶段译介出版美国教育学科更为全面，涉及教育学、教育原理、教学论、课程论、德育原理、儿童教育等21个学科，且出现了教育财政、教育研究方法、教育统计、教育测量、成人教育学等新学科。因此，在这一阶段，商务印书馆一方面通过译介来自美国的教育统计、教育测量、教育科研方法等，推动了教育研究科学化；一方面进一步通过教育财政、成人教育等的译介出版，完善我国引进的西方教育学学科体系。

（四）译介出版的英法等国教育学论著

商务印书馆在开阔国人眼界、充实教育学借鉴模板等追求下，还译介出版了英、法、德等国的教育学论著。就其译介时间、译介学科来看，不同国家有所区别。

1. **译介时间**

商务印书馆译介出版的英法等国教育学论著的起始时间、终止时间以及译介时间段如表2-6所示：

表2-6　商务印书馆译介出版的英法等国教育学论著时间分布表

国别	英	法	德	俄	瑞典	捷	丹	挪	奥	叙	瑞士
起始时间	1923	1912	1926	1937	1923	1939	1931	1936	1937	1941	1933
译介时间分布及终止时间	1929	1922	1927	—	—	—	—	—	1940	—	1937
	1931	1929	1928	—	—	—	—	—	—	—	—
	1933	1930	1930	—	—	—	—	—	—	—	—
	1934	1932	1934	—	—	—	—	—	—	—	—
	1935	1938	1936	—	—	—	—	—	—	—	—
	1936	1940	—	—	—	—	—	—	—	—	—
	1937	—	—	—	—	—	—	—	—	—	—
	1939	—	—	—	—	—	—	—	—	—	—
	1945	—	—	—	—	—	—	—	—	—	—
	1948	—	—	—	—	—	—	—	—	—	—
	1949	—	—	—	—	—	—	—	—	—	—

从表2-6可知，各国译介出版教育学论著的时间有如下特点：

第一，整体来看，商务印书馆译介出版英、法、德等国教育学论著的起步时间都较晚，大都在20世纪20年代以后。其中，译介出版英国、法国、德国、瑞典四个国家的教育学论著起步时间大体与美国相似，但远远晚于日本。同时，商务印书馆译介出版俄国、捷克、挪威、奥地利、叙利亚等国教育学论著的时间更晚，大都在20世纪30年代以后，有些甚至是40年代以后。

第二，就国别来看，商务印书馆对英国教育学论著译介出版持续时间最长，其次为法国、德国，对三国教育学论著译介出版的时间分别是12年、

7年、6年。相比而言, 对奥地利、俄国、瑞典、捷克、丹麦、挪威、叙利亚、瑞士几国教育学论著译介出版的时间为1到2年, 且多为1年。由此可见, 在译介西方教育学论著时, 商务印书馆除注重向美、日看齐外, 主要将视线集中于英、法、德这些大国, 一定程度上忽视了对其他国家教育学论著的译介出版。

2. 译介学科

表2-2简化为表2-7:

表2-7　商务印书馆译介出版的英法等国教育学学科分布表

国别 学科	英	法	德	俄	瑞典	捷	丹	挪	奥	叙	瑞士	不详
教育学	0	0	2	0	0	0	0	0	0	0	0	0
教育原理	2	0	0	0	0	0	0	0	0	0	0	0
教学论	0	0	0	0	0	1	0	0	0	0	0	0
德育原理	0	0	1	0	0	0	0	0	0	0	0	0
儿童教育	1	3	2	1	1	0	0	1	2	0	0	0
职业教育	0	1	0	0	0	0	0	0	0	0	0	0
教育哲学	2	2	1	0	0	0	0	0	0	0	1	0
教育社会学	1	0	0	0	0	0	0	0	0	0	0	0
教育心理学	1	0	0	0	0	0	0	0	0	0	0	0
教育史	2	1	0	0	0	0	0	0	0	1	0	0
比较教育	3	0	1	0	0	0	1	0	0	0	1	1
公民教育	0	1	0	0	0	0	0	0	0	0	0	0
高等教育	1	0	0	0	0	0	0	0	0	0	0	0

由表2-7可知, 商务印书馆译介出版英法德等其他西方教育学论著的特点是: 从英国译介出版了儿童教育、教育哲学、教育社会学、教育心理学、教育史、比较教育、高等教育、教育原理8个学科的相关著作, 译介总量为13本, 其中斯宾塞的《教育论》、罗素的《罗素教育论》等被译介出版; 从法国译介出版了儿童教育、职业教育、教育哲学、教育史和公民教育5个学科

的相关著作，译介总量为8本，其中卢梭的《爱弥儿》被译介出版；从德国译介出版了教育学、德育原理、儿童教育、教育哲学、比较教育5个学科的相关著作，其中赫尔巴特的《普通教育学》被译介出版；其他国家如俄国、瑞典、捷克、丹麦、奥地利、挪威、叙利亚、瑞士等仅译介出版了1到2本教育学论著，当然夸美纽斯的《大教授学》、爱伦凯的《儿童的教育》、裴斯泰洛齐的《贤伉俪》均被译介出版。

二、《教育杂志》与西方教育学的译介传播

《教育杂志》由商务印书馆于1909年2月创刊，1948年12月停刊。其中于1932年1月和1941年12月两度停刊，又分别于1934年9月和1947年7月复刊，合计出刊33卷382期。《教育杂志》历任编辑有陆费逵、朱元善、李石岑、唐钺、周予同、何炳松、黄觉民、赵廷为、李季开等。1909年，《教育杂志》在创刊之际，便宣称"以研究教育，改良学务为宗旨"，杂志内容分十二门，"学术"一门是"译述关于教育之新学理"；"教授管理"一门，"或译东西洋之新法，或述实地教授之经验"；"纪事"一门"分本国外国二部，纪录关于教育之新闻"。[①]可见，《教育杂志》自创刊之际便明确了译介西方教育学术、介绍西方教育实况和教育新闻的任务。在此任务的推动下，《教育杂志》译介传播了日本、美国等国的教育学，开阔了国人的视野，也为中国教育学发展提供了可资借鉴的材料。

（一）《教育杂志》与日本教育学的译介传播

在"西学东渐"的热潮中，《教育杂志》最早开始介绍日本教育及教育学。1909年第1期便刊登了《日本教育界最近之调查》，分别对日本明治三十九年四月至四十年三月间小学教育、中等教育、女子教育的情况进行了大致介绍。[②]

---

① 《教育杂志简章》，《教育杂志》，1909年第1卷第1号。
② 《日本教育界最近之调查》，《教育杂志》，1909年第1卷第1号。

表2-8　《教育杂志》译介传播日本教育学论文

题　目	作　者	卷　期
最优等生及劣等生之待遇法	川人直夫	1909年第3、5期
各科教授法精义	森冈常藏	1909年第4期
小学校之模范	日本横滨市	1909年第12～13期
学校管理法要义	谢泳、易克皋	1910年第5期
莱因氏之五段教授法	张世杓	1910年第9期
教授时间之区分	监见静一	1910年第10期
教育与疲劳之关系	胜又瑛次郎	1910年第12期
小学校男女儿童心身之差别	伊藤米次郎	
详察儿童在家庭之生活状态	相岛龟三郎	1911年第1期
小学理化器械制造实验之简法	中岛吉太郎	1911年第1～5期 1912年第1～3期
教授法批评要项	日宫城县师范学校附属小学	1913年第5卷第4期
日本现今教育教授之缺陷	日教育实验界杂志	1914年第6卷第2号
实用主义理化新教授法	顾绍衣	
各国学校系统之研究	川本宇之	1916年第8卷第9号
实业教育谈	手岛精一	1917年第9卷第4号
日本教育家之谈话	庄　俞	1917年第9卷第8～9号
日本工业教育家手岛精一之历史	贾丰臻	1918年第10卷第2～7号
教育谈片	菊池大麓、乙竹岩造	1918年第10卷第2、4、5号
教育之美学的基础	佐佐木吉三郎	1921年第13卷第1号
日本现代教育之四大思潮	钱　鹤	1922年第14卷第9号
日本最近教育思潮概观	杨贤江	
日本自由教育说之介绍（一、二）	祁森焕	
性教育概论（二）	市川源三	1923年第15卷第8号
青年期之性的卫生及道德	羽太锐治	
现代日本教育思想之两大潮流	樋口长市	1925年第17卷第5号
职业指导与学校教育	乘杉嘉寿	
现代教育之矛盾性与新教育之发生过程	长谷川	1927年第19卷第12号
图画教育的方法	岸田刘生	1928年第20卷第2号

（续表）

题　目	作　者	卷　期
近代艺术教育运动	阿部重孝	1929年第21卷第1号
艺术教育思想之发展	阿部重孝	1930年第22卷第12号
近代日本教育之文化史的考察	吉田熊次	
学校生活与艺术	小林佐源治	1931年第23卷第2～3号
美的教育	索井米吉	
社会的过程与教育	田制佐熏	1931年第23卷第9号
教育学与教育科学	藤原助市	1934年第24卷第1号
社会教育原论	吉田熊次	
爱国教育	白土千秋	1934年第24卷第3号
拉其斯的教育理论及教育运动	吉田熊次	1935年第25卷第4号
拉其斯的教育政策	村上俊亮	1935年第25卷第9号
捷克斯拉夫教育的实学化	细谷俊三	1937年第27卷第2号
教育方法学上的研讨	稻富荣次	
合科教授的价值和实际	龙山义亮	1937年第27卷第5号
合科学习之本质	木下竹次	
实科教育与人格陶冶	津田信良	1937年第27卷第6号
现时学校中道德教育之缺点	小川正行	
国民主义与国民教育	小林严	1937年第27卷第8号

就表2-8来看，《教育杂志》在译介日本教育学时具有如下特点：

第一，译介时间较早，且较为持续，但是自1937年后便逐步停止译介传播日本教育学。与商务印书馆译介日本教育学论著相同，因晚清民国之际日本迅速强大且路近、同文等因素，《教育杂志》在创刊不久便开始译介日本教育学文章，且关注了日本的教育实况。同时，《教育杂志》自1909年开始一直到1937年持续译介日本教育学文章，译介时间持续较久。此外，因1937年中日战争爆发等因素，《教育杂志》对日本教育、教育学文章的介绍便停止了，这也体现了《教育杂志》的译介立场。

第二，译介内容较全面，主要集中于教授法、手工教育、学校管理法等方面。《教育杂志》刊载的《最优等生及劣等生之待遇法》《各科教授法精义》《学校管理法要义》《莱因氏之五段教授法》《教授时间之区分》《教育与疲劳之关系》《小学校男女儿童心身之差别》《详察儿童在家庭之生活状态》《小学理化器械制造实验之简法》《教授法批评要项》《日本现今教育教授之缺陷》《实用主义理化新教授法》《图画教育的方法》《合科教授的价值和实际》《合科学习之本质》等文章，对日本教育学界如何更好地改进教授、发现新教授法等进行了研究。

第三，译介内容还包括日本的教育学说。《现代日本教育思想之两大潮流》一文对日本教育学说的变迁及现行的教育学说进行了介绍。《日本最近教育思潮概观》和《日本现代教育之四大思潮》介绍了日本教育界的八大教育主张，分别是自学教育论、自动教育论、自由教育论、一切冲动皆满足论、创造教育论、动的教育论、全人教育论、文艺教育论。

此外，《教育杂志》还介绍了吉田熊次的《近代日本教育之文化史的考察》《社会教育原论》，分别将日本教育史和社会教育理论介绍到我国。不仅如此，《教育杂志》还通过日本学者介绍了美国、英国、苏联等国的成人教育、教育政策、艺术教育等，如《美国中小学校生徒自学状况》（樋口长市）、《苏俄的教育政策及其设施》（昇曙梦氏）、《瑞典的成人教育》（高桥正熊氏）、《欧美的道德教育》（小西博士）、《欧美之补习教育》（伊藤氏）、《欧美都市教育之一斑》（泽柳政太郎）、《欧美中学教育之近况》（小西博士）、《美国之农村教育及其设施》（水野常吉）、《欧美之艺术教育》（长田新）等，为国人了解西方教育动态提供了通道。由《教育杂志》刊载的文章来看，对日本教育家、教育学家的介绍较少，仅对工业教育家手岛精一进行了介绍。

（二）《教育杂志》与美国教育学的译介传播

《教育杂志》对美国教育学的译介传播，与其通过译介出版美国教育学论著相仿，大体集中在对杜威实用主义教育学说及其道尔顿制、设计教学法等的介绍讨论上。当然，孟禄、霍恩等教育家也在介绍之列。可以说，《教育杂志》对美国教育学的译介传播较为全面，且译介时间较早，持续时间较长。

1. 杜威实用主义教育学说

杜威是美国著名的哲学家、教育学家,其实用主义教育学说于民国初年便传入我国。1912年,《教育杂志》发表了蔡元培的《新教育之意见》,文章指出:"今日美洲之德弗依派,则纯持实利主义者也。"①此后,《教育杂志》以"实用主义""杜威""学校与社会""教育哲学"为题相继刊登了一系列文章,具体如下表所示:

表2-9　《教育杂志》刊登杜威实用主义教育学说著述一览表

标　题	作者/译者	年、期数
采用实用主义	庄　俞	1913年第5卷第7号
学校教育采用实用主义之商榷	黄炎培	
实用主义产出之第一年	黄炎培	1915年第7卷第1号
实用主义产出之第二年	黄炎培	1916年第8卷第1号
实用主义手工新教材	赵传璧	1916年第8卷第2～4号
学校之社会的训练	天　民	1916年第8卷第7号
实用主义产出之第三年	黄炎培	1917年第9卷第1号
台威氏之教育哲学	太　玄	1917年第9卷第4号
今后当以实利主义为教育方针	刘鹗书	1917年第9卷第6号
台威氏明日之学校	天　民	1917年第9卷第9号
今后之学校	天　民	1918年第10卷第1、3～4号
教育者与哲学	等　观	1919年第11卷第1～2、7～8号
教育上之民主主义	杜威/真常	1919年第11卷第5～6号
杜威讲教育哲学	杜　威	1919年第11卷第10～11号
教育上之实验态度	杜　威	1919年第11卷第12号
聆听杜威博士讲演"教育者之天职"赘言	贾丰臻	1920年第12卷第6号
教育上实用主义之位置	汪懋祖	1920年第12卷第7、12号
实用主义之深究	汪懋祖	1920年第12卷第12号

---

① 蔡元培《新教育之意见》,《教育杂志》,1912年第3卷第11号。

（续表）

标　题	作者/译者	年、期数
送杜威博士	李石岑	1921年第13卷第7号
杜威的职业教育论	吴俊升	1925年第17卷第1号
杜威教授论留学问题	常道直	1925年第17卷第7号
学校与社会	高觉敷	1926年第18卷第4号
杜威的苏俄教育印象谈	倪文宙	1929年第21卷第3号
杜威博士七十岁之纪念	—	1929年第21卷第12号
杜威与现代小学教育	J.H.Newton/杜佐周	1930年第22卷第4号
杜威对于现代学校之影响	J.H.Newlon/邬振甫	1930年第22卷第5号
进步的教育与教育科学	杜　威	1930年第22卷第12号
学习与生长	谢循初	1935年第25卷第2号
教育的哲学基础	杜威/章育才	1935年第25卷第4号
明日的教育	韦　悫	
我对于杜威讨论中国教育哲学问题的意见之批判	姜　琦	1937年第27卷第7号
经验与教育	杜威/陈科美	1939年第29卷第11号
杜威主义与布里德博士的新唯实主义	Bayles/陈科美	1940年第30卷第11号
公立学校和民主主义	—	1941年第31卷第10号
美国的学校是民主主义化么	—	
美国的进步教育与进步学校	Berkson	1948年第33卷第2号
"教育即生活"新释	张天麟	1948年第33卷第3号

如上表所示，《教育杂志》在译介杜威实用主义教育学说时呈现出如下特点：

第一，译介时间较早，且持续时间久。《教育杂志》于1913年便译介了杜威的实用主义教育学说，且一直持续到40年代，有利于国人连续地关注其学说。《教育杂志》1913年刊发了黄炎培、庄俞等人宣传的采用实用主义的文章。此后，黄炎培访美归国后，也多次谈到欧美盛行的实用主义教育对其产生的影响，"若论实质方面，则吾侪比年所研究之实用主义，此行实予我以无数崭新材料。盖此主义在美国实为全国所倾向，日进而未有已，凡种种设施，昔仅得诸文字或托诸理想者，今乃使我耳目亲闻见之，而深信其必可行，且必有效，而弥哀我国之瞠乎其后也"[1]。"鄙人此次调查美国教育所得之结果有二大端：一为生活主义，二为个别主义，此两大端又可一言以蔽之，则鄙人向所支持之实用主义是也。"[2]可以说，《教育杂志》刊登的蔡元培的实利主义、黄炎培采用实用主义商榷和介绍的美国实用主义教育思想的文章，可以视为我国译介传播杜威实用主义教育学说的先声。当然，与杜威实用主义教育学说相关的《分团教授之实际》《动的教育学建设》《分团式动的教育法之实际》等文章亦在《教育杂志》上被刊登。

此外，《教育杂志》于1917年起，开启了直接译介传播杜威实用主义教育学说原著的先河。如上表所示，相继刊发了《台威氏之教育哲学》《台威氏明日之学校》《今后之学校》，将杜威的"教育即生活""学校即社会"及儿童主义等核心观点原汁原味地介绍给国人，且凭借期刊即时性等特点，早于商务印书馆翻译出版的论著，呈现于国人面前，使得国人在杜威来华前便知晓了其实用主义教育学说的核心观点，有助于加深对其学说的理解和接受。

第二，译介高潮与杜威访华相吻合，且译介内容较为全面。《教育杂志》对杜威实用主义教育学说译介传播热潮的来临，是1919年5月杜威应邀到中国讲学之后。1919年起，《教育杂志》刊登了杜威的肖像、讲演内容等，涉及杜威《民主主义与教育》、经验与教育、注重儿童天性等，其中真常所译《教育上之民主主义》即为杜威所著《民主主义与教育》第七章《教育中的民主概念》。之所以先译介该章，因是"全书本旨所在。兹特首先译录，藉供同好"[3]。不仅如此，在杜威"从做中学"的影响下，自动教育、分团教学等教学法、动的教育学、儿童生活与课程等，在《教育杂志》亦屡见不鲜。《美国之自动教育法》（1920年第12卷第1～3号）、隐青《实施自动教育的先决问题》（1920年第12卷第1号）便是其中的代表作。此外，《教育杂志》还结

---

[1] 黄炎培《游美随笔》，《教育杂志》，1915年第7卷第8号。

[2] 郭延谟《黄炎培君调查美国教育报告》，《教育杂志》，1916年第8卷第6号。

[3] 真常《教育上之民主主义》，《教育杂志》，1919年第11卷第5～6号。

合当时社会上凸显的教育问题，谈到了杜威对职业教育、留学问题的看法，对苏俄教育的印象，及其对现代中小学教育实践的影响等。吴俊升在《杜威的职业教育论》中指出，我国目前职业教育讨论争论甚多，可以借用杜威的教育学说予以解决。杜威虽然"不是一个职业教育专家，但是一个教育哲学家。他的教育的根本学说，往往可以应用了解决许多教育上实际的问题"，且"虽然他没有关于职业教育的专门论著，但是《平民主义与教育》中曾有一章论及教育之职业方面"。在此，吴俊升明确了杜威对职业、职业教育的界定及其分类，如杜威认为职业"不过是生活活动的一方面，是对于个人有实际的意义而且对于他的同类也是有益的"，职业教育是平民的、文雅的职业教育。[1]

2. 孟禄及其中国教育问题指导

孟禄（1869～1947），美国教育家和教育史学家，曾于1915～1923年出任美国哥伦比亚大学师范学院院长，是"心理起源论"的代表人物。主要从事教育史研究，教育著作有《教育史教科书》（1905）、《中等教育原理》（1914）、《在演变进程中的中国》（1920），并主编《教育百科全书》（1910～1913）。自1913年起至1941年，孟禄曾先后14次来华，也是哥伦比亚大学来华次数最多的著名教育家。1921年9月，孟禄应实际教育调查社的邀请，来华实地调查教育状况，研究中国教育的实际问题，这是其在华活动时间最长、活动范围最广、产生直接影响最大的一次。在华期间，孟禄还与中国教育界人士共同组织了中华教育改进社，并被推选为名誉董事。孟禄来华，对于全面了解当时中国的教育状况、改进中国的科学教育和科学研究、推动壬戌学制颁行等发挥了巨大作用。[2]《教育杂志》刊载的有关孟禄的文章如下表所示：

---

① 吴俊升《杜威的职业教育论》，《教育杂志》，1925年第17卷第1号。
② 陈竞蓉《教育交流与社会变迁：哥伦比亚大学与现代中国教育》，华中科技大学出版社，2011年，第80～88页。

表2-10　《教育杂志》刊登孟禄文章一览表

标　题	作者/译者	年、期数
孟禄博士来华之行踪与言论	周予同	1922年第14卷第1号
中等教育原理	孟　禄	
再志孟禄博士来华后之行踪与言论	周予同	1922年第14卷第2号
学制研究:评新学制草案	孟禄/王云五	1922年第14卷号外,学制课程研究号
论新学制中等教育	孟禄/王云五	1922年第14卷第9号
美国:哈佛大学之新设学科、孟禄教授之新职务	—	1923年第15卷第5号
美国:孟禄博士之旅欧任务	T.C.	1923年第15卷第10号
中华教育文化基金董事会成立与孟禄去华	—	1924年第16卷第10号
孟禄博士对于庚款用途之意见	—	1925年第17卷第2号
用控制的实验估量教学法的效果	孟　禄	1935年第25卷第1号
世界教育会议在东京开会:默许伪满代表出席的第七届世界教育会议会长孟禄博士(照片)	—	1937年第27卷第8号

　　从表2-10来看,第一,与孟禄首次来华时间相比,译介时间较晚。《教育杂志》对孟禄的介绍始于1921年孟禄来华后,此次孟禄来华时间久、规模和影响大。《教育杂志》开始对其来华后的行踪和言论进行了介绍,并对其《中等教育原理》进行了介绍。

　　第二,译介内容集中于"实况转播",侧重发表孟禄的活动和言论。由上可见,《教育杂志》主要对孟禄在国内外的行踪和言论进行了跟踪报道,且相关主题集中在孟禄对中国教育实际问题的看法上,涉及庚款问题、新学制、教学法等。但是,《教育杂志》对孟禄的生平、著作、学术思想等[①]介绍颇少,虽提到了《中等教育原理》,但对《教育史教科书》及其教育史研究等并未谈及。因此,《教育杂志》主要结合孟禄与中国教育实际问题的改进、来华行踪、学制改革等进行了相关介绍,便于国人及时把握孟禄对中国教育的看法和改进办法。

---

① 周予同在《孟禄博士来华之行踪与言论》中指出,关于孟禄博士的生平、著作、学术思想,可参考《平民教育》第37期,似乎也表明《教育杂志》刊载此类文章较少。

就上述刊载的内容来看，《孟禄博士来华之行踪与言论》介绍了孟禄来华的动机、调查事项、方法、调查学校行程表及其所作《晚近教育的新趋势和新觉悟》等讲演。《再志孟禄博士来华后之行踪与言论》提到孟禄曾讲演《大学之职务》，指出大学有传播知识，求应用的人才和提高智识三大任务。同时，孟禄认为中国普及教育推行力度较小，且文字繁杂是力行新教育的第一重困难。此外，该文还将孟禄《对于中国教育意见的概要》进行转载，涉及各级学校、教学法、课程等问题。就新学制问题，孟禄指出，中国"各地方实业状况生活情形种种不同，其对于伸缩性需要之切，自不待言"，因而"意中假定，六年级小学系专供志愿升入中学者之肄业。如此则各地方得依其财力，变更所设学校。有四年之小学，有六年之小学，亦可有七年之小学。有三年之中学，亦可有六年之中学。就中尤以高级小学及高级中学得随地而大有变更。质言之，各地方对于六年小学教育，得随意以任何年限之职业教育加诸其上。其大旨在于普通计划范围内，容许种种不同之试验，俾依现在趋势造成种种模型，而不求其尽归一律焉"。此外，新学制还需要考虑"在其拟议之计划能许生徒向种种殊异方向进行"，"使生徒有充分之修课动机"，"中等教育年限之延长"，预防"活动过甚恐滋误会"以及"每倾信制度过甚"等危险。[1]就《中等教育原理》一书，常乃惪对各章内容及其执笔人做了相应介绍，还特定指出作者均为美国教育界名宿，杜威博士也在内。就庚款用途问题来看，孟禄指出应将其妥善计划，谋求庚款无限量发展。孟禄认为庚款不应用于偿还中国政府所欠教育方面的债务或支付国立学校教职员薪金，不能用于增加多数教育机关而使其互相竞争，也不能应用于建筑校舍及其供给纯粹科学研究，而是应该用于"增进一般人之知识，改良其生活之状况"。[2]

3. 伊略脱及其实效教育论

伊略脱，即查尔斯·威廉·艾略特（1834～1926），美国著名教育家、哈

---

[1] 〔美〕孟禄《学制研究：评新学制草案》，王云五译，《教育杂志》，1922年第14卷号外，学制课程研究号。

[2] 《孟禄博士对于庚款用途之意见》，《教育杂志》，1925年第17卷第2号。

佛大学校长。艾略特于1869年担任哈佛大学校长，直到1909年结束校长任期，是美国大学历史上在任时间最长的校长，且把哈佛大学由一个地方院校成功转变为一所世界知名的研究型大学。《教育杂志》对这位在美国颇具影响，且办高等教育成效显著的教育家进行了介绍。最早刊载的文章是杨恩湛的《美国大教育家伊略脱小传》，之后《教育杂志》相继刊发了传记与其实效教育论，具体如下表所示：

表2-11　《教育杂志》刊登伊略脱文章一览表

标　题	作者/译者	年、期数
美国大教育家伊略脱小传	杨恩湛	1912年第4卷第3号
美国大教育家伊略脱演说词	杨恩湛	
实效教育论	伊略脱/钱智修	1914年第6卷第1号
美国大教育家伊略脱传	太　玄	1914年第6卷第10～12号
实效教育之思潮	太　玄	1916年第8卷第2号
实效教育论	天　心	1918年第10卷第11号

具体来说，《教育杂志》对艾略特的介绍具有如下特点：

第一，译介时间较早，但持续时间较短。《教育杂志》于1912年便刊载了艾略特传记，与介绍其他美国教育家的时间相比，译介时间较早。同时，比《中华教育界》对艾略特的介绍时间还要早两年。可以说，《教育杂志》因时刻关注欧美教育思想和教育实践动态，且我国此时高等教育正值起步时期，对于此类办学成绩卓著且提出实效教育论的大教育家还是颇为留意的。当然，《教育杂志》对艾略特的介绍文章数量并不多，且译介周期较短，主要集中于1912～1918年。

第二，译介主题为传记及其实效教育论。《教育杂志》首先介绍了艾略特的生平和办学成绩，如杨恩湛在《美国大教育家伊略脱小传》中写道："伊略脱博士，美国大教育家也。三十五岁时即被举为哈佛大学校长，任职四十年。……当其初任校长时，哈佛学生为数仅千人，教员不过六十人，校中经费约有二百余万元。经其数十年之雄筹伟画，学生之数已达五千人，教员六百三十四席，经费增至二亿三千万……有人推伊略脱博士为美国当代之第二伟人，则余未闻有异议者也。"太玄在《美国大教育家伊略脱传》中，对其生平、就任时和就任后的哈佛等进行了更为详细的介绍。同时，《教育杂志》还介绍了艾略特的实效教育论，指出"实效"意指"健康及积极生活、工作、服务之充分能力"。实效教育指教育必须合乎实用，否则"学校教育苟养成无关职业之儿童，实为极危险之事"。因此，学校教育应当注重实业教育，"含一般陶冶职业教育之一大要素"，由此学校不至于虚设且学者也可以收到实用的效果。当然，实效教育"不当为物质的、凡庸的、功利的，而为理想的、深情的及热诚的，非如是者，决不能达实效教育之鹄的"。此外，实效教育"不当以少年时代为限，也必宜延于成人时代"，是一种终身和全民的教育。可以看出，《教育杂志》对艾略特的译介主要停留于个人传记和实效教育论，对其作为大学校长的高等教育思想、高等教育管理思想等并未涉及。

4. 桑代克及其教育学说

桑代克（1874～1949），美国心理学家，动物心理学、心理学联结主义和教育心理学的开创者。桑代克一生著作颇丰，属于最为多产的人物之一，书目包括507项[①]，主要著作有《教育的原理》（1906）、《教育心理学》（1903、1913、1914）、《成人的学习》（1928）、《教育的根本原理》（1929）、《成人的兴趣》（1935）、《人性与社会秩序》（1940）等。《教育杂志》对桑代克的教育心理学、成人教育学等进行了译介和传播，具体如表2-12所示：

---

① 〔美〕舒尔茨《现代心理学史》，沈德灿等译，人民教育出版社，1981年，第194页。

表2-12　《教育杂志》刊登桑代克文章一览表

标　题	作者/译者	年、期数
桑代克氏的新试验	见　洪	1921年第13卷第5号
教育测验	桑代克/刘建阳	1922年第14卷第4号
关系数量之研究	桑代克等/薛鸿志	1923年第15卷第1号
心理测验之改良	桑代克/高觉	1926年第18卷第3号
一个比较速率及其真确度成绩的更正公式	桑代克等/杜佐周	1927年第19卷第1号
测验运动的新进步	桑代克/牟永锡	1929年第21卷第4号
一本从事成人教育者所不可不读的书 书名: 成人学习的研究	桑代克/郑冠兆	1929年第21卷第8号
对桑代克学习心理学之我见	萧孝嵘	1929年第21卷第9号
教育之根本原理	桑代克等/邬振甫	1929年第21卷第10～11号
一个联结的效果对于此联结的影响的学说	桑代克/高觉敷	1936年第26卷第8号
新著介绍: 桑代克著成人的兴趣	冯邦彦	1937年第27卷第2号
美国教育的将来	桑代克	1938年第28卷第4号
桑代克对于学习心理的贡献	Rock/陈科美	1940年第30卷第12号

具体来说,《教育杂志》对桑代克教育学说的介绍,具有如下特点:

第一,就译介时间和译介周期来看,《教育杂志》于1921年首先介绍了桑代克的"迷乱的实验",早于国内同类刊物,但比对杜威、伊略脱等人的介绍要晚。同时,《教育杂志》对桑代克的介绍时间为1921～1935年,且主要集中于1929年,对其相关学说译介时间较晚,且周期较短。

第二,译介内容主要集中于教育心理学,尤其是学习心理、教育测验以及成人教育学等方面。《教育杂志》于1929年10月在"新刊介绍"栏目中介绍了桑代克和盖茨合著的《教育之根本原理》,该书于1929年3月由麦克米伦出版公司出版。可见,《教育杂志》以其敏锐性和即时性,在该书出版后不久便进行了介绍。

5. 霍恩及其新理想主义教育

霍恩(1874～1946),美国教育哲学家,坚持唯心主义,其代表性观点是新理想主义,与杜威及其追随者的实用主义观点相反。霍恩于1904年所著《教育哲学》(*Philosophy of Education*)是最先直接使用"教育哲学"作为书名的一部著作。作者主要从生物学、生理学、社会学、心理学和哲学五个方面,阐述了教育的基础理论,认为教育的哲学基础是制约人们教育观念的主要方面,即有什么样的教育哲学观就有什么样的教育观,他本人倾向于用实验科学的观点来解释教育。[①]《教育杂志》以连载的形式,对其新理想主义教育进行了介绍,具体如表2-13所示:

表2-13 《教育杂志》刊登新理想主义文章一览表

标　题	作者/译者	年、期数
新理想主义之教育	霍恩/过瑶圃	1916年第8卷第1、3、4、7、8、10、11、12号
新理想主义之教育	霍恩/过瑶圃	1917年第9卷第2~6号
新教育的评价	霍恩/浦漪人	1934年第24卷第3号

从上表来看,《教育杂志》对霍恩及其新理想主义的译介和传播,具有如下特点:

第一,译介时间较早,但译介周期极短。《教育杂志》于1916年便介绍了霍恩的新理想主义,但是,对此学说的译介周期仅持续了一年半,译介周期极短。可见,在当时大力介绍和践行杜威实用主义教育学说以及杜威来华等背景下,《教育杂志》及其国人对霍恩新理想主义的译介力度较小。

第二,就译介内容来看,《教育杂志》于1916年起连载了13篇文章,详细介绍了新理想主义具体讨论的问题。其中,第一篇是全文的第一、二章,第一章是"养成人类之教育问题",第二章是"遗传与教育";第二篇讨论了遗传的性质;第三篇是第二章的第三、四、五节,讨论了领得性是否可以遗传、遗传的能力和功用问题,指出领得性确有"遗传者,亦确有不可遗传者";第四篇是第二章第六节,讨论了教育实行的关系,并详细列举了西洋教育界关于此问题的看法;第五篇阐述了第二章第七节的"遗传法则的妄用"和第三章"环境与教育"的第一节"环境的性质"、第二节"环境的一

① 王坤庆《教育哲学新编》,华中师范大学出版社,2010年,第17页。

般影响"、第三节"物理的环境的影响";第六篇是第三章第四节"社会的环境的影响"、第三章第五节"社会的环境之个人的变化"、第三章第六节"施行之关系";第七篇谈及了"教授之道宁鼓吹协力的方法及其他方法"以及第三章第七节"环境法的妄用"、第四章"意志与教育之各方面的讨论";第八篇是第三章"近世对于个人之评价",关于个人主义的各种评价均囊括其中;第九、十、十一篇分别探讨了个人主义的将来,遗传论及环境论中之意志观、意志作成人类之力等问题;第十二、十三篇是第五章"作为人类之哲学",主要探讨了哲学的性质和方法、哲学的种类、人类的进化如何、人类将如何进化及进化的性质等问题。

6. 教学法

《教育杂志》在对美国教育学进行译介传播时,关注到了美国各种新兴的教学法,并对设计教学法、道尔顿制、文纳特卡制等进行了介绍。

(1)设计教学法

设计教学法由克伯屈所创,是以儿童的自发活动为中心,混合组织各科教材的活动课程。克伯屈主张的"志愿的活动""内的教材"以及"生活继续改造"达到较高的水平,这三者是其设计教学法的原理。我国最早尝试和模仿设计教学法的是上海万竹小学,他们试行以手工为中心,联络各科教材的教材中心联络法。[①]设计教学法正式实行始于1919年秋,由俞子夷主持的南京高师附小开始,次年沈百英和顾西林在江苏第一师范附小一年级也开始实施。《教育杂志》亦对设计教学法进行了最早的译介、宣传以及介绍,刊发论文如表2-14所示:

---

① 瞿葆奎、丁证霖《"设计教学法"在中国》,《教育学文集——教学》(上册),人民教育出版社,1988年,第334页。

表2-14 《教育杂志》刊登克伯屈及设计教学法文章一览表

标　题	作者/译者	年、期数
余之游历欧美目的①	贾丰臻	1921年第13卷第1号
设计法是什么	厚　生	1921年第13卷第5号
设计教学法的研究	知　我	1921年第13卷第7号
近代史的设计教学法	R.W.Hatch/杨贤江	1921年第13卷第8号
马克马利底"设计的教学"	McMurry/慈心	1921年第13卷第9号
基尔巴脱利克论设计教育法	克伯屈/太玄	
理科的设计教学法	吴家煦	1921年第13卷第10号
设计教学法举例	McMurry/杨贤江	
我第一次试行"设计教学"的情形	王家鳌	1921年第13卷第12号
江苏一师附小设计教学法实施报告	沈百英	1922年第14卷第1~3号
视察设计教学的标准	俞子夷	1922年第14卷第2号
儿童设计的学习法	范云六	
设计教学法	Dr. Stevenson/周天冲	1922年第14卷第4号
设计教学法试验报告	沈百英	1922年第14卷第6号
江苏九师附小国一各科联络游艺化的表演设计	—	1922年第14卷第6、8号
设计教学法之真诠与其发达史	沈子善	1922年第14卷第7号
芝加哥大学附属小学第五年级教授中古史的设计情形		
设计教学法概要	刘孟晋	1922年第14卷第10号
在"道尔顿制"中怎样应用设计教学法	朱光潜	1922年第14卷第12号
四年下期实施设计教学的一例	盛朗西	1923年第15卷第2号
北高师附小一年级设计教学法的概况	—	1923年第15卷第2号
上期设计教学法的决算与经验及本期改革的预算	张九如	1923年第15卷第3~4号
设计教学法如何利用机械联系	冯国华	1924年第16卷第6号

---

① 贾丰臻在游历欧美目的中提到"设计教学法问题",在此介绍到"闻美国近有一种最新的设计教学法(Project Method of Teaching)不列学科目,即就儿童性之所好者,而因势利导之,自能左右逢源,而习得各种普通科学之知识。此亦余所乐视者也,亦当就游历欧美之使,一为调查,容后再定相当之办法"。

（续表）

标　题	作者/译者	年、期数
怎样补救设计法的缺点	崔唐卿	1924年第16卷第6号
一个大单位的教学报告	胡超伦	
设计教学法	沈百英	1924年第16卷第9号
介绍中国学者关于设计法与道尔顿制之主要著述	盛朗西	1924年第16卷第10号
读了十二本设计教学法专书的书后	俞子夷	
小学教育新原理的建设	克伯屈/华林一	1927年第19卷第3号
克伯屈的教学法要义	舒新城	
克伯屈博士在沪讲演录	胡叔异、张铭鼎	1927年第19卷第5、9~10号
设计教学的种类和方法	沈百英	1927年第19卷第5号
东大附小社会科的设计教学	黄兢白	1927年第19卷第6号
克伯屈博士在京讲演录	—	1927年第19卷第6~7号
克氏之系统演讲——对于中国教育上之数种意见	—	1927年第19卷第9~10号
克氏之教育论坛会——大学教育讨论会		
克氏之教育讨论会——中等教育讨论会、初等教育讨论会		
克伯屈博士之职业教育讨论	胡叔异	1928年第20卷第3号
远东的有希望的教育试验	克伯屈/华林一	1928年第20卷第10号
小学低年组读物的设计教学研究	朱培钧	1929年第21卷第5号
设计组织的小学算术学习片编制法	马静轩	1929年第21卷第11号
克伯屈的苏俄教育观	邱大年、张嘉栋	
美国小学教育之理论与实际	克伯屈	1930年第22卷第6号
克伯屈反对美国学校军事训练之激烈	—	1931年第23卷第2号
克伯屈之成人教育观	郑一华	1931年第23卷第8号
动的教育运动之要素	克伯屈/韦悫	1935年第25卷第1号
教学自由的限制	黄觉民/克伯屈	1936年第26卷第3号
美国教育的将来	齐泮林/克伯屈	1938年第28卷第4号

《教育杂志》对设计教学法的介绍与道尔顿制大体相似，主要集中在如下几个方面：

第一，设计教学法是什么及其优缺点。厚生最早在《教育杂志》上提及设计法，依次分析了"设计""设计教学法"是什么，如何进行作业设计等。太玄、沈子善、刘孟晋等对克伯屈的设计教学法亦进行了阐释，明确了设计教学法是一种新的教学方法，并对设计的不同含义、性质，设计教学法中教师和学生的地位，设计教学法如何发生，学习单元是什么等进行了阐释。此外，吴家煦则指出，设计教学法在教材、儿童、设备方面均有一定的缺点，需要从这三方面进行改进和完善。

第二，设计教学法在中国各地学校的实验情况。《教育杂志》刊登这一主题的文章最多，其中王家鳌介绍自己在学校中开设了一个贩卖部，贩卖部的资本、职员均由学生自己担任。江苏一师附小的张九如、沈百英等则阐述了该校表演设计的目的、教材、教学的方法，发表了对江苏第九师范附小学校试行设计教学法的各项研究意见，并对设备、教学、教学成绩的统计、设计教学成绩的统计等进行了详细的说明，具有较高的参考价值。黄兢白则介绍了东南大学附小社会科实施设计教学法的情形。此外，盛朗西、朱培钧等分别对小学低年组读物、游艺会表演等如何设计教学进行了介绍。

第三，有关设计教学法著作的介绍。俞子夷依照设计教学法相关著作的出版时间，分别列举了康绍言、薛鸿志编译《小学校设计教学法辑要》（1922）、孙世庆《设计式的教学法》（1922）、沈百英《设计教学法试验实况》（1922）、赵宗预《新著设计教学法》（1922）、沈有乾《初等教育设计教学法》（1923）、芮佳瑞《实验设计教学法》（1923）、薛天汉《设计教学法》（1923）、王砥尘《低学年设计教学法》（1923）、林本《设计教育大全》（1923）、杨廉《马可马利设计教学法》（1923）、江苏第一女子师范附属小学校《设计教学法试验的经过》（1924）、江苏第五师范附属小学校《设计教学实施报告》（1924）12本著作，且进行了相应评价，有助于研读者根据需要进行阅读。

第四，设计教学法文章刊载时间主要集中于1921~1924年间，刊载周期较短。同时，尤以1922年居多，有8篇，1924年和1927年次之。俞子夷在《民国十一年之初等教育》一文中写道："设计教学法在十一年可以说是狂热。夏季教育讲演，没一处没有这题目，铁路轮船上没一天没参观或演讲设计教学法的人往来。……一方面也有反对的。但是决心加入试验的学校仍旧一天多一天。"①1927年，克伯屈来华，再次掀起了设计教学法文章刊载的热潮。1929年，克伯屈第二次来华，但此次并未掀起设计教学法研究和实验热潮。此后，克伯屈设计教学法的研究著述和实验均逐渐减少。

第五，克伯屈的讲演和对中国教育的意见。克伯屈两次来华，《教育杂志》均刊载了其演讲和讨论会的内容。克伯屈对中国教育制度的改进提出的建议，以及带来的西方教育学、心理学等成果，为国人更好地改进教育提供了借鉴。

（2）道尔顿制

道尔顿制又称"契约式教育"，全称为道尔顿实验室计划（Dalton laboratory plan），由美国H.H.帕克赫斯特于1920年在马萨诸塞州道尔顿中学创行，是一种教学组织形式和方法。随着道尔顿制在美国的兴起和发展，我国亦开始关注并实验道尔顿制。道尔顿制传入中国，最先缘于《教育杂志》。1921年，《教育杂志》发表了一篇译自英国《泰晤士报》的短文，率先介绍了道尔顿制的缘起，指出道尔顿制是"在美国马赛赤撒州达尔顿中等学校新试行的，最初考案出来的人，就是纽约儿童教育财团底教育部长海伦巴克哈脱女士。女士受蒙台梭利的影响，有志改造十岁到十七岁的儿童底教育，案出这个方法，名为实验室法"。同时，该文还详细地介绍了道尔顿制的具体做法和大体情形。②此后，《教育杂志》又相继刊登了道尔顿制的相关文章，还专设"道尔顿制专号"。总体来看，《教育杂志》历年刊载道尔顿制的相关文章，如下表所示：

---

① 俞子夷《俞子夷教育论著选》，人民教育出版社，1991年，第52页。
② 《达尔顿案》，《教育杂志》，1921年第13卷第8号。

表2-15　《教育杂志》刊登道尔顿制文章一览表

标　题	作者/译者	年、期数
达尔顿案	—	1921年第13卷第8号
道尔顿实验室计划	鲍德澂	1922年第14卷第6号
什么是道尔顿制	舒新城	1922年第14卷第11号（道尔顿制专号）
道尔顿制之实验经验	泰晤士报/刘建阳	
道尔顿制功课指定的一个实例	E.I.Sidley/常乃惪	
英国施行道尔顿制之原因	金保赤	
国文科试行道尔顿制的说明	沈仲九	
社会常识科试行道尔顿制的说明	刘勋	
小学校采用道尔顿制的研究	丁晓先	
关于道尔顿制的著作	舒新城	
"道尔顿实验室计划"之原始及其现状	鲍德澂	1922年第14卷第12号
儿童大学施行"道尔顿制"之实际	钱　鹤	
实行"道尔顿制"所应注意之点	高　卓	
在"道尔顿制"中怎样应用设计教学法	朱光潜	
"道尔顿制"与中国之教育	余家菊	
文艺在中等教育中的位置与"道尔顿制"	孙俍工	
道尔顿制与小学教育	舒新城	1923年第15卷第3号
道尔顿制下的艺术教育	李文华	
关于道尔顿制的几种新表格	舒新城	1923年第15卷第7号
道尔顿制功课指定概说（上）	舒新城	1923年第15卷第10号
关于道尔顿制之讨论	王雅、黄炎、舒新城	1923年第15卷第11号
道尔顿制下的英文教学法	朱光潜	1923年第15卷第12号
道尔顿制下数学学程之讨论	沈涤生	
小学教学法与道尔顿制	舒新城	1924年第16卷第1号
道尔顿制与小学国语教学法	—	
试行道尔顿制之困难问题及其补救办法	沈百英、俞焕斗	1924年第16卷第4号
申说试行道尔顿制之困难问题及其补救办法	周为群	
道尔顿制功课指定概说（中）	舒新城	1924年第16卷第5号

（续表）

标　题	作者/译者	年、期数
道尔顿制功课指定概说（下）	舒新城	1924年第16卷第6号
试行道尔顿制的必要条件	周为群	1924年第16卷第7号
道尔顿制在日本的概况	章克标	
介绍中国学者关于设计法与道尔顿制之主要著述	盛朗西	1924年第16卷第10号
柏克赫司特女士来华之消息	—	1925年第17卷第5号
道尔顿制创始者柏克赫司特之来华	—	1925年第17卷第8号
道尔顿制与教师问题	赵廷为	1925年第17卷第9号
英国威尔士的道尔顿制实验	轶　尘	1926年第18卷第4号

由上可知，《教育杂志》刊登的关于道尔顿制的文章，涉及多个方面，大体如下：

第一，道尔顿制的起源、所依据的原理、施行此计划的办法及其此计划的特点。鲍德澂、周为群的文章即为代表。周为群指出，试行道尔顿制必须满足教员合作、设备完全、教额须少、指导无缺、注重训育、改造聘约六个必备条件。

第二，道尔顿制与各科教学法实验。朱光潜、刘勃、李文华、舒新城等论述了社会常识科、文艺教育、数学学程等如何实行道尔顿制及其注意要点。同时，舒新城等还介绍了如何实施道尔顿制。

第三，道尔顿制在其他国家的实验情形。金保赤介绍了英国实行道尔顿制的原因，轶尘译介了英国东格拉马干学校道尔顿制的实验状况及其对道尔顿实验的认可和期望，章克标则大体介绍了日本各校实施道尔顿制的情形。

第四，《教育杂志》以刊登舒新城关于道尔顿制的文章居多。舒新城在吴淞中学时，恰逢道尔顿制输入中国，他便在该校实验道尔顿制，但效果并不理想。到东南大学附中任研究股主任后，他又不遗余力地推行和推广道尔顿制，道尔顿制风靡一时。同时，据舒新城回忆，《教育杂志》的周予同刊发专号，约请的作者大半是其试行道尔顿制的同事。由此，《教育杂志》依托颇具实验经验和理论基础的道尔顿制研究专家发表论述,更为权威地向读者介绍和宣传了道尔顿制。

第五,道尔顿制的相关文章刊载时间较短,大体于1925年便截止。同时,研究者也注意到不能盲目追随和实验道尔顿制,如在《道尔顿制与教师问题》一文中,赵廷为指出:"我对道尔顿制度尽量推行的主张不敢苟同。进步的学校,斟酌情形,去做道尔顿的实验,我固然表示同情,但是一般训练不足的教师都盲目去仿行此种新教育法,实有莫大的危险。"①

(3)文纳特卡制

文纳特卡制也叫适应个性教学法,由美国教育家华虚朋于1919年在芝加哥文纳特卡镇公立中学创造,是一种个别教学方法。文纳特卡制于1928年传入我国,开始引起人们的兴趣。《教育杂志》再一次率先对这一教学法进行了译介,1928年便刊登了《文纳特卡制的大要》一文,之后又刊载了相关文章,如下表所示:

表2-16　《教育杂志》刊登文纳特卡制文章一览表

标　题	作者/译者	年、期数
文纳特卡制的大要	李宏君	1928年第20卷第7号
文纳特卡制概述	华虚朋/刘大介	1931年第23卷第1号
华虚朋氏与文纳特卡制	华虚朋/钟鲁斋	1931年第23卷第2号
沪教界欢宴华虚朋博士	—	1931年第23卷第3号
教室活动自评表之调查与研究	Roscoe Pulliam/葛承训	1931年第23卷第7号
文纳特卡制概论	蔡孟华	1935年第25卷第4号

从《教育杂志》刊登的有关文纳特卡制的文章来看,其特点如下:

第一,内容主要集中于阐释什么是文纳特卡制。相关文章主要集中在介绍文纳特卡制重要原则、两大部分课程、采用个别教学法、实施中的注意要点等方面。

---

① 赵廷为《道尔顿制与教师问题》,《教育杂志》,1925年第17卷第9号。

第二,刊载时间短,主要集中在1931年。文纳特卡制在中国并没有像道尔顿制、设计教学法那样产生广泛的影响,仅是1931年华虚朋应邀来华讲学期间刊发了一些介绍类的文章。就文纳特卡制的推广来看,仅于1933~1935年间在厦门、福州、开封、上海等地做过一些实验研究。[①]这与文纳特卡制对学生要求较高,且人们经设计教学法和道尔顿制后,逐步对西方新教学方法热情减退,并开始持谨慎态度有关。

(4)社会化教学法

社会化教学法是指中小学以集体方式进行学习活动和解决共同问题的一种教学方法。我国对社会化教学法的介绍,最早始于《教育杂志》1920年第12卷第3号发表的《教育方法之社会化》一文,其后又发表了相关文章。具体情况如表2-17所示:

表2-17 《教育杂志》刊登社会化教学法文章一览表

标 题	作者/译者	年、期数
教育方法之社会化	洛宾沙斯密斯/太玄	1920年第12卷第3号
教科内容之社会化		1920年第12卷第5号
社会化教学法	Robbins/赵廷为	1924年第16卷第8号

就上表来看,《教育杂志》译介传播社会化教学法有如下特点:

第一,译介时间与其他教学法大体相当,但持续时间短。《教育杂志》于20世纪20年代初便对社会化教学法进行了介绍,与译介设计教学法、道尔顿制等时间大体相同,甚至早于这些教学法的介绍时间。但是对这一教学法译介传播的周期较短,仅持续了4年。

第二,译介数量少、内容单一且集中于介绍。就上表来看,《教育杂志》5年内仅刊登相关文章3篇,同时,译介内容主要集中在对该教学法的介绍和相关书籍的介绍上,并没有专门刊文详细展现国外实施的情形。

---

① 钟鲁斋、侯国光《文纳特卡制实验报告》,厦门大学印刷所,1934年。

（5）其他各类教学法

除主要对设计教学法、道尔顿制等进行介绍外，《教育杂志》还对问题教授法、生命化教学法、参观教学法以及其他各类学校教学法等进行了介绍，具体如表2-18所示：

表2-18　《教育杂志》刊登其他教学法文章一览表

标　题	作者/译者	年、期数
问题教授法	F.D.Scott/钱智修	1919年第11卷第10号
中等学校教学法	Parker/王克仁	1922年第14卷第1号
教学方术概论	Davis/夏承枫、胡叔異	1924年第16卷第8号
生命化的教学法	Ruediger/赵廷为	1924年第16卷第9号
亚丹的新教学法	亚丹/高卓	1924年第16卷第10号
专门学（校）教学法	Klapper/舒新城	1926年第18卷第2号
参观教学法	Anderson等/赵轶尘	1927年第19卷第12号
小学教学法	Sloman/赵轶尘	1928年第20卷第2号
愚笨儿童教学法	Inskeep/赵轶尘	1928年第20卷第6号
理想教学法	W.W.Charters/赵廷为	1928年第20卷第8号
高级小学教学法	Freeland Adams 等/赵轶尘	1928年第20卷第10号
柏尔谋氏新教学法	Plamer/赵轶尘	1930年第22卷第6号
小学低年级各科教学法的基本原理	斯曲兰/袁哲	1931年第23卷第3号
毕宁中学社会学科教学法	Bing/刘大佐	1937年第27卷第4号
波斯著前进的中学教学法	Bossing/朱镇苏	1937年第27卷第7号

就上表列举的各种教学法来看，《教育杂志》通过书刊介绍的方式，从美国引进了美国教育学者所著各类学校、各科教学法。涉及小学、中学、大学教学法，也涉及社会科等各科教学法，及其愚笨儿童等各类学生群体的教学法，较为全面地向国人展现了美国教学法，有助于为教育学界及各类学校教师提供借鉴。

7. 课程编制

《教育杂志》除关注教学法外，还介绍了美国学者博比特等人的课程

编制思想, 具体如表2-19所示:

表2-19 《教育杂志》刊登课程相关文章一览表

标　题	作者/译者	年、期数
讨论课程编制的五本名著	王克仁	1924年第16卷第5号
查特斯论编制师范课程的原理	孟宪承	1925年第17卷第3号
课程编造法	Bobbitt /赵廷为	1925年第17卷第8号
初级中学的课程	Hines/华林一	1926年第18卷第11号
中学课程适应	Philip W.L.Cox/赵廷为	1926年第18卷第12号
课程的问题	Thomas H.Briggs/赵廷为	1927年第19卷第6号
课程编造的根本原理	Bagely、Bobbitt、Bonser/赵廷为	1928年第20卷第12号
一个小学校的课程实验	Lincoln Elementary School Staff	1929年第21卷第2号
课程编造的根本原理	柏格来/赵廷为	1929年第21卷第8号
课程编造上的活动分析	Roy Ivan Johnson/赵廷为	1929年第21卷第10号
活动课程的趋向	Bobbitt、Franklin C./葛承训	1935年第25卷第3号
课程编制的原理及其方法	Edgar Marion Draper/钟鲁斋	1938年第28卷第2号
编制课程的十二个基本问题	Linder、H.Ivan/李纯青	1938年第28卷第7号
教师对于课程发展的责任	Dakin	1940年第30卷第9号
课程的组织	Buswell/高觉敷	1948年第33卷第6号

　　由上表可见,《教育杂志》于1924年开始介绍美国教育学者所著课程名著, 其中涉及博比特的《课程》, 比商务印书馆出版该书早4年, 起到了前期介绍和宣传的作用。同时, 在介绍美国课程论著作时, 以赵廷为的介绍最多。赵廷为对博比特、彭赛尔、柏格来等人的课程编制思想进行了一定的译介。

　　其中, 就《教育杂志》刊载的关于课程的相关文章来看, 王克仁《讨论课程编制的五本名著》介绍的初衷是 "把现在国内教育界的现象思想一下, 觉得最紧要的一个问题, 就是课程编制。这个问题不得解决, 无论是新学制、旧学制或者半新半旧的学制, 都碰着一个大障碍"。由此, 王克仁于

1922年学制颁行两年后，介绍了博比特（Bobbit）《课程》（*Curriculum*）、彭赛尔（F.G.Bonser）《设计组织小学课程论》（*The Elementary School Curriculum*）、威尔士（Wells）《项目课程》（*A Project Curriculum*）、查特斯（Charters）《课程编制》（*Curriculum Construction*）、麦克默里（McMurry）《如何组织课程》（*How to Organize the Curriculum*）。其中，博比特的《课程》标志着课程作为专门研究领域的诞生，也是教育史上第一本课程理论专著。[1]因此，《教育杂志》译介课程方面的相关著作，既是对新学制的回应，也为中国教育学界引进了课程论这一学科。

《课程编造法》同样是博比特所著，于1924年在美国出版，《教育杂志》于1925年即关注和介绍了此书，足见其对博比特课程论的关注和译介的即时性。此后，博比特的《活动课程的趋向》阐述了课程的演进及其活动课程的趋向。在此，《课程》《课程编造法》《活动课程的趋向》系统、清晰地介绍了博比特的课程编制思想，有助于国人及其有志于改造课程的教育者提前领略其思想内核。

除专门介绍博比特课程编制思想外，《教育杂志》还对查特斯《课程编制》进行了一定的介绍。孟宪承介绍了查特斯《课程编制》，并对其编制师范课程的原理进行了翻译介绍。此外，《教育杂志》还介绍了柏格来《课程编造的根本原理》、巴斯韦尔《课程的组织与程序》。

8. 教育社会学等分支学科的译介和传播

《教育杂志》在对美国教育学进行译介传播的同时，还对教育学的学科基础以及教育概论、教育心理学、职业教育、比较教育、教育视导、教育科研方法、教育测验、教授法等教育学分支学科进行了译介。具体如表2-20所示：

---

[1] 施良方《课程理论：课程的基础、原理与问题》，教育科学出版社，1996年，第11页。

表2-20 《教育杂志》刊登美国教育社会学等分支学科文章一览表

标 题	作者/译者	年、期数
职业教育论	柯雷/朱景宽	1915年第7卷第2~3号
中等学校教学法	王克仁	1922年第14卷第1号
教育之科学的研究	Charles Jndd/王克仁	1922年第14卷第2号
学校调查之方法与标准	Bliss/常道直	1922年第14卷第5号
学校效率	Bennett/常道直	1922年第14卷第8号
教育标的之社会学的裁决	Snedden/常道直	1922年第14卷第10号
伯希满的初等教育原理	Bachman/常道直	1923年第15卷第4号
德维士的教授术	Davis/常道直	1923年第15卷第12号
教育心理测验之施行方法	McCall/刘廷芳、赵崇莘	
小学教学的范式	Paker/王克仁	1924年第16卷第4号
弗里兰的近代小学校的实际	Freeland/杨贤江	1924年第16卷第10号
教材选择法	Paker/胡叔巽、夏承枫	1924年第16卷第12号
李克的妇女职业教育	Leake/张友仁	1925年第17卷第1号
德列武的教育心理学绪论	舒新城	1925年第17卷第2号
职业教育	Robison 等/杨贤江	1925年第17卷第4号
教育测验的意义应用及发展	Woody/赵廷为	1925年第17卷第5号
教师的专技	Holley/李清悚	
介绍研究中等教育的两种新参考书	康德尔、拉门/沈子善	1925年第17卷第6号
介绍两本专论初级中学教育的名著	本涅特、布立葛兹/胡家健	
柏格来氏教学通论	柏格来等/周天冲	1925年第17卷第10号
波得斯的教育社会学基础	杨贤江	1925年第17卷第11号
殷格利式中等教育原理述要	周调阳	1925年第17卷第12号
杰孟高特士两氏之教育原理	Chapman、Counts/王倘	1926年第18卷第3号
自我实现与社会服务的教育学	Watts/舒新城	1926年第18卷第4号
斯密司的积极的学校训育	Smith/赵廷为	1926年第18卷第6号
大卫斯的初级中学教育	Davis/华格心	1926年第18卷第10号
斯密司氏的初级中学	Smith/赵廷为	1927年第19卷第3号
责任教育	Lucy Wilson/赵廷为	1927年第19卷第4号
教育心理学最近之发展	Burt/陈博文	

（续表）

标　题	作者/译者	年、期数
教育法（Rural School Methods）之第六章	胡叔异	1927年第19卷第5号
弗阿合著的教育概论	G.W.Frasier等/邬振甫	1927年第19卷第7号
小学教学法	Sloman/赵轶尘	1928年第20卷第2号
芬得雷的教育原理第一册	舒新城	1928年第20卷第5号
教育概论	柏格来/林仲达	1928年第20卷第9号
高级小学教学法	Adams/赵轶尘	1928年第20卷第10号
宾纳氏的教育心理学	邬颖川	1930年第22卷第8号
亨德卢著比较教育	Kandel/钟鲁斋	1932年第24卷第2号
哈林威士的教育心理学	吴绍熙	1933年第25卷第9号
四种教育心理学名著的合评	—	1934年第24卷第4号
教育自由论	Palliam	1935年第25卷第1号
小学指导学习法	Walter S.Monroe/杨泽中	1935年第25卷第1号
布利格士著中等教育	F.H.Briggs/金澍荣	1935年第25卷第6号
心理学与教育学	A. Jadoulle/吴俊升	1935年第25卷第8号
文化与教育	CollinsJ.V./黄觉民	1935年第25卷第9号
美国高等教育的管理	Mc Grath	1936年第26卷第7号
学习心理学	Dvis/朱镇苏	1936年第26卷第8号
活动经验法的初步读书	Stone、Clarence/葛承训	1936年第26卷第9号
个别教育的原则	Wood、Ben	1936年第26卷第9号
麦寇恩著品格教育	H.C.Mckown	1936年第26卷第11号
美国教育思想界的冲突	Orata、Pedro T./陈友松	1936年第26卷第12号
道敦著现代公共教育之哲学及其背景	Isaac Doughton/赵演	1936年第26卷第12号
成人的问题与兴趣之研究	Symonds、P.M.	1937年第27卷第3号
辅助民族教育之教育心理学	Kroh、Oswald/萧孝嵘	1937年第27卷第4号
大学与社会	Sister Julie	1937年第27卷第4号
成人课本的问题	Ozanne、Jacques	1937年第27卷第4号
地方教育行政区域的基本问题	Oertel、Emest/陈友松	1937年第27卷第4号
成人教育需要高深学识	Kohn、Hans/冯邦彦	1937年第27卷第5号
儿童发展测验	Buehler、Hetzer	1937年第27卷第5号

（续表）

标　　题	作者/译者	年、期数
美国公共教育财政状况	陈选善	1937年第27卷第7号
教育上的科学方法	陈友松、张轶群译	1937年第27卷第8号
思考的心理与教育	Symonds/游大涵	1937年第27卷第9～10号
大学的职责是什么	Hutchins、Robert/曾大钧	1937年第27卷第11～12号
鲁耳著小学教育原理	Herbert G.lull/陈友松	
教育研究法	Cartor V.Good、Douglas Scates/伍任夫	1938年第28卷第1号
幼童教育史	Raymone/富伯宁	1938年第28卷第10号
学校健康问题	Chenoweth/富伯宁	1938年第28卷第11号
幼稚园教育	Foster/富伯宁	1939年第29卷第4号
一九三八年美国教育名著六十种	—	1939年第29卷第6号
教育行政的新概念	Strayer	1939年第29卷第7号
社会学和教育的现实关系	George Payne	1939年第29卷第9号
麦柯尔的新著测量学	McCall/陈选善	1940年第30卷第3号
一九三九年美国教育名著六十种	—	1940年第30卷第7号
教育中研究和解决问题的方法	Good/陈选善	1941年第31卷第4号
编制和应用教育测量的几项问题	Mathews/陈选善	
美国教育行政问题研究的新趋势	Norton/张敷荣	1948年第33卷第3号
高等教育的使命	陈选善	1948年第33卷第6号
美国现代教育思潮的两大主流	张瑞璠	1948年第33卷第10～11号

　　如上表所示，美国教育学分支学科中的教育原理、教育社会学、教学论、教育心理学、高等教育学、教育测验、成人教育学、比较教育、教育财政学、教育行政、职业教育、学前教育、幼稚教育、小学教育等均被介绍到我国教育学界。

　　以《教育杂志》译介的美国教育社会学为例，主要介绍了《教育标的之社会学的裁决》（1921）、《波得斯的教育社会学基础》等。前者是哥伦比亚大学师范学院教育学教授Snedden的著作，全书讨论了教育社会学的范围与可能性、各门课程的标的等问题。后者是美国Ohio Wesleyan 大学教育学教授的著作,该书分为教育社会学的原理、规定教育目标的科学的方法两编。杨贤江在介绍此书时指出,该书作者申明教育社会学不应是从教育的见地来研究社会学,而是应从教育的社会方面来研究教育学。教育社会学家的责任是在指示教育对于社会需要的适应以及群众现象基于教育方法上的关系,所以教育社会学不是社会学的一支,而是教育学的一支。由此,《教育杂志》通过介绍美国教育社会学著作,有助于国人明确并思考教育社会学的研究范围、意义、学科性质等。

以教学论为例,《柏格来氏教学通论》(1924)由柏格来和凯斯合著,"是美国师范大学丛书,未出版之前,曾在伊利诺伊大学师范学院及哥伦比亚大学师范学院研究班使用及批评过"。该书分为12章,依次对教学之职业观、教学之意义、教材论、论心智之发展、学习的天机、个别差异的原因和适应、教学的结果、教育制度、教学资格等进行了论述。由此,《教育杂志》通过《柏格来氏教学通论》,进一步介绍了教学论的研究范围,也使得国人开始注重教师专业精神养成,并且辩证地看待系统教学的优缺点。

此外,通过对《德列武的教育心理学绪论》《宾纳氏的教育心理学》《哈林威士的教育心理学》《比较教育》等书籍的介绍,国人进一步接触了美国教育心理学和比较教育学科。

(三)《教育杂志》与英国教育学的译介传播

与商务印书馆译介出版西方教育学论著主要仿美、日外,还引进了英、德、法等国教育学相同,《教育杂志》亦开启了对英、德、法等国教育学的译介传播。表2-21即是《教育杂志》刊载的英国教育学的相关文章。

表2-21 《教育杂志》刊载英国教育学著述一览表

标 题	作者/译者	年、期数
英国大教育家斯宾塞氏之格言	斯宾塞	1909年第1卷第2号
西洋二十四教育家略传	—	1909年第1卷第7号

（续表）

标　题	作者/译者	年、期数
斯宾塞语录	公　挚	1911年第3卷第7号
教授诵读法	司密期/杨恩湛	1912年第4卷第1号
罗式经教育名言	霞　岩	1914年第6卷第2号
罗素之教育说	天　民	1920年第12卷第9号
罗素讲演教育	—	1920年第12卷第11号
斯宾塞之科学教育论	余尚同	1921年第13卷第10号
战后英国之新人文主义的教育	长田新氏/任白涛	1924年第16卷第3号
英国教育家威尔士改良教育之主张	周光煦	1925年第17卷第2号
罗素论教育目的	罗素/陈博文	1926年第18卷第11号
幼儿的训育	罗素/张崧年	1927年第19卷第11号
威尔士之世界教育论	张铭鼎	1928年第20卷第1号
社会主义与教育	张铭鼎	1928年第20卷第6号
教育零话——罗素之教育改造论	罗素/梁遇春	1929年第21卷第1号
罗素的教育论	罗素/柳伯涛	1929年第21卷第9号
萧伯纳之社会主义的教育论	陈康时	1929年第21卷第11号
罗素著自由与组织	—	1935年第25卷第8号

可见，《教育杂志》在译介传播英国教育学时，译介时间较早，且主要集中在20世纪20年代。以《教育杂志》刊载斯宾塞教育格言为标志的话，其对英国教育学的译介，比译介杜威实用主义教育学说还要早4年。此外，译介的内容主要集中在对斯宾塞、罗素的教育学说的介绍。

1. 斯宾塞的教育学说

《教育杂志》创刊后不久，在1909年第2号便刊登了斯宾塞的格言，分别为"儿童者照对父母行为之镜也"，"教育目的在使儿童为自主自治之人物，非使儿童为被主于他人之人物"，"儿童之体质强弱视父母注意之疏密"，"精神勿为书籍之牺牲"，"凡事物变迁之际，皆不免于危险者。儿童出家庭之羁束，放任自由入此变幻之世界也"等。[①]1909年第7期刊载的《西洋二十四教育家略传》，进一步明确了斯宾塞教育学说，即教育之目的"在使人准备完全之生活"[②]。1911年第7号，《教育杂志》又刊登了《斯宾塞语录》，继续解读斯宾塞的教育思想，主要对"教育之道，有阶级，有等差，可循而不可躐"，"社会现象即人人之现象"，"教育当其社会风俗而常常改革之"，"自主自治之英国人童子，即自由自治英国人之父也；教育者，欲使儿童为自主自治之人，非欲使儿童为主治于人之人"等进行了详细分析。

此后，《教育杂志》对斯宾塞教育学说的介绍有所中断，1921年余尚同又阐述了斯宾塞的科学教育论。余尚同之所以介绍斯宾塞的科学教育论，原因在于"现今欧美各国，没有不注重科学的教育，而在欧战以后为更甚。我们听到了这科学教育的呼声，便不能不想到半世纪前一位主张科学教育的学者斯宾塞了"。他指出，斯宾塞重视科学教育的原因在于"他相信科学是价值最多的知识，是自己保存及生活维持最重要的知识，且科学又是能任完全的教养，解释国民的生活的责任，还能与人以艺术享乐的根柢"。同时，文章还指明了斯宾塞科学教育的方法是"归纳的方法，发见的方法"。[③]

2. 罗素的教育学说

1920年，罗素随英国工党代表访问苏俄后，应梁启超等约来到中国讲学，《教育杂志》于同年最早刊发了《罗素之教育说》。文章指出，虽然罗素教育学说"并未为系统的、科学的而成立"，然而从其关于教育的意见可以窥见其教育学说的梗概。该文还陈述了罗素对现代教育的批评，罗素认为现代教育完全拘于形式，并且教育不是教育人，仅是课程讲授而已。在此，罗素认为教育必当深究人生，以真意义而创造人的生活，才是教育的重大

① 《英国大教育家斯宾塞氏之格言》，《教育杂志》，1909年第2期。
② 《西洋二十四教育家略传》，《教育杂志》，1909年第7期。
③ 余尚同《斯宾塞之科学教育论》，《教育杂志》，1921年第13卷第10号。

任务和真谛。《罗素讲演教育》所讲的问题是"教育之效用"，指出中国教育的效用分为三要端，即教人能做事，教人能做国民，教人能做中国人。《罗素论教育之目的》指出，中国教育基于家庭爱情，以安分守己为目的，弊端在于流于享乐主义。日本基于利国思想，故其国民性为残忍好杀。英国教育富有贵族思想，美国具有同化作用。陈博文翻译了罗素《罗素论教育》(On Education)一书中一章的内容，对希腊、中国、日本等国的文化和教育特点进行了剖析，指出教育的目的在于"给吾人以良好之德行也"[①]。柳伯涛对《罗素的教育论》全书进行了介绍，详细展现了各编和各章的标题，同时也对其中的部分内容进行了解读。此外，张崧年、梁遇春分别对罗素的儿童训育观、教育改造观进行了阐释。

总体来看，虽然罗素也曾一度访华，并剖析了中国教育问题，但是其影响力与同年访华的杜威、之后来华的克伯屈和柏克赫斯特等无法相提并论，《教育杂志》对其教育学说的译介力度也较小。

3. 社会主义教育学说

《教育杂志》还译介了英国威尔士、萧伯纳等社会主义者的社会主义教育学说及其教育观。其中，《英国教育家威尔士改良教育之主张》阐述了社会主义提倡者兼教育家威尔士改良教育的主张，即鉴于教师有学问才能教人且须有传达智识的艺术，因而普通学校的教师应以平常大学毕业生而具有学位者充任。在《社会主义与教育》一文中，作者又介绍了威尔士的社会主义学说，指出其重视教育并且对社会主义改造的重要作用。此外，陈康时根据萧伯纳《社会主义和资本主义》一书第八十一章译出了萧伯纳社会主义的教育论。该文指出萧伯纳根据社会主义的见解，攻击了现代教育的毛病，即"学校制度不过是一种借口，做父母的为着免除子女的麻烦把他们囚在牢狱里"，且主要是一种强迫教育。在此，萧伯纳指出："社会主义必定将这些不幸的现象消减，使儿童得到可敬服无嫌怨的教师。"同时，他主张儿童本位，但又认为不能忽略现代文化生活的本质和国家的要素。

---

① 陈博文《罗素论教育目的》，《教育杂志》，1926年第18卷第11号。

《教育杂志》除对斯宾塞、罗素、威尔士等人的教育学说进行译介外，早在1909年第6期的《西洋二十四教育家略传》中便对培根、洛克进行了介绍。该文指出了培根"研究科学之新法于教授上乃大蒙影响，是直觉教授法之祖"，以及洛克"白板说"的内涵。但是此后对二者的教育论著、教育思想等译介不够。①《教育杂志》于1914年又通过《罗式经教育名言》一文翻译和介绍了英国作家、艺术家、哲学家约翰拉斯金的教育名言。《战后英国之新人文主义的教育》则依据日本广岛高师教授长田新氏原著，叙述了战后英国教育界的一大趋势——新人文主义教育。

（四）《教育杂志》与德国教育学的译介传播

《教育杂志》创刊后不久便关注到了德国教育学，在介绍西洋二十四教育家时，对巴西马、康德、路德、斯克罗玛区、希摆脱（赫尔巴特）、佛洛比尔、笛斯脱威、勃尼克、希勒、奈因等德国教育（学）家的生平、代表作及其简要观点进行了介绍。除此之外，《教育杂志》刊载的文章较为全面地介绍了德国教育学流派，具体如表2-22所示：

表2-22　《教育杂志》刊载德国教育学著述一览表

标　题	作者/译者	年、期数
西洋二十四教育家略传	—	1909年第1卷第7号
德意志大学之特色	巴留岑	1910年第11期
实验教育学	罗白氏/天一	1912年第4卷第4号
各国实验教育学之现状	天　民	1912年第4卷第10号
凯善西台奈之教育说	志　厚	1913年第5卷第10～12号
德国忧国之教育界费希脱传	冘　我	1914年第6卷第1号
手工教育论	巴布士/天民	1914年第6卷第7～12号
勤劳教育论	天　民	1915年第7卷第1～6、9～11号

---

① 《西洋二十四教育家略传》，《教育杂志》，1909年第1卷第6号。

（续表）

标　题	作者/译者	年、期数
提倡勤劳主义	庄　俞	1915年第7卷第1号
勤劳学校之经营	天　民	
勤劳主义之教授法		1915年第7卷第4号
勤劳学校之实际设施		1916年第8卷第1～2号
手之教育		1916年第8卷第2号
公民教育论		1916年第8卷第5～6号
德国之公民教育		1916年第8卷第7～8号
勤作教育再提倡	朱元善	1918年第10卷第1号
勤作教育之一解	余　箴	1918年第10卷第4号
勤作主义之训练法	天　心	1918年第10卷第5号
艺术教育的原理	Münsterberg	1921年第13卷第1号
老教育家底书信	Gotthilf Salzmann	1921年第13卷第2～7、9～12号
德国之劳动教育	杨贤江	1922年第14卷第7号
战后德国之理想主义的教育	任白涛	1924年第16卷第5号
欧美之劳作教育	小西博士/任白涛	1924年第16卷第7号
重估海尔巴脱派五段教学法之价值	盛朗西	1924年第16卷第11号
国家主义与德国教育之进展	常道直	1925年第17卷第11～12号
最近的德国教育学界	中岛半次郎/朱文叔	1926年第18卷第2号
人格教育之要义	钱　鹤	1927年第19卷第6号
新康德派之教育思潮	杨人楩	1929年第21卷第1号
改良恩物之研究	张雪门	1929年第21卷第2号
文化哲学的教育思潮	杨人楩	
文化教育学的理论与方法	蒋径三	1929年第21卷第4号
现象学的教育思潮	杨人楩	1929年第21卷第8号
文化哲学与文化教育学	蒋径三	1929年第21卷第12号
劳动教育学者凯兴斯泰拉的思想		1930年第22卷第1号
新德意志之教育思潮与制度	杨人楩	1929年第22卷第7号
劳动主义教育的思潮	张安国	1930年第22卷第8～9号
赛德尔的劳动学校论		1931年第23卷第1号

（续表）

标　题	作者/译者	年、期数
反海尔巴脱主义者狄尔泰的教育思想	蒋径三	1931年第23卷第2号
德意志新教育之哲学	T.Alexander、Parker/ 金嵘轩	1931年第23卷第2号
最近德国的劳动教育学说与劳动学校组织		
斯普兰格的文化教育学	蒋径三	1931年第23卷第5号
现代德意志教育理论之鸟瞰	章光涛	1931年第23卷第4～5号
文化教育学者斯普兰格的构造心理学	蒋径三	1931年第23卷第6号
利脱的教育思想	野田义夫/蒋径三	1931年第23卷第7号
凯尔兴舒泰依南之劳作教育观	雨　苍	1934年第24卷第4号
黑格尔的教育哲学	孟宪承	1935年第25卷第2号

由上表可知,《教育杂志》在译介传播德国教育学时,较早地关注了实验教育学,且主要介绍了凯兴斯泰纳的勤劳教育学说和文化教育学两大方面。在阐释德国教育思潮时,对赫尔巴特学派、社会教育学派、人格教育学派、演绎与归纳法教育学、现象论的教育学、价值哲学的教育学、精神分析派的教育学、宗教派的教育学等进行了介绍。同时,杨人梗、蒋径三对德国教育学的译介传播最多,主要介绍了文化教育学、现象学教育学等。

1. 实验教育学

实验教育学的代表人物及提倡者为德国的梅伊曼、拉伊。实验教育学自德国产生后,在欧美得到发展,成为势头强劲的教育思想流派。实验教育学重视研究儿童发展与教育的关系,重视实验,并强调从实验的结果中寻找教育的途径和方法。同时,实验教育学批判传统教育学过于重视逻辑推理和抽象思辨,认为应该通过观察、调查、计算、测量和统计等科学方法研究教育学,从而使教育学成为一门真正的科学。可以说,实验教育学促进了教育理论的科学化,对教育学的发展产生了深远的影响。对于德国产生的实验教育学,《教育杂志》于1912年便译介了英国罗白氏的《实验教育学》,对实验教育学应研究的重要事项进行了介绍。同时,在该年第10号,天民在《各国实验教育学之现状》一文中,对德国、法国、美国、意大利、日本等国

的实验教育学现状进行了介绍。就德国实验教育学的介绍来说,对拉伊的
《实验教授学》(《实验教育学》)等进行了介绍。此后,商务印书馆又直接
译介了拉伊的《实验教育学》(1928)。通过《教育杂志》对德国实验教育学
的介绍,国人明确了应以科学的态度和方法研究教育学。

2. 凯兴斯泰纳的教育学说

凯兴斯泰纳(1854~1932)是德国著名教育家,提出了公民教育理论和
劳作学校理论。在凯兴斯泰纳看来,教育的目的在于培养"有用的国家公
民",将教育作为德国资产阶级陶冶人民性格和控制思想的重要工具。

《教育杂志》于1913年引进了凯兴斯泰纳的勤劳教育学说,先后发表了
《凯善西坦奈之教育学说》《勤劳教育论》《勤劳学校之实际设施》《凯尔
兴舒泰依南之劳作教育观》《劳动主义教育的思潮》《劳动教育学者凯兴
斯泰拉的思想》等文章,详细论述了勤劳教育的发端、价值、类型、实施范
围和具体做法等。凯兴斯泰纳的劳动教育学适应了当时社会发展和民族国
家兴起的需要,在20世纪初成为风行一时的教育思想。劳动教育运动使学
校不再被视为仅仅是为了同时教育大量儿童而组织的儿童的集合,而是使
他们共同学习、共同训练的作业共同体和生活共同体,不仅通过作业,而且
通过所有的学习均以全员团结合作的精神展开,引导学生从事自主的、能动
的自我活动,最大限度地增长他们的知识和能力。由此观之,民国初年我国
社会的发展和转型,资本主义经济的逐步发展,催生了对新型劳动者的需
求,同时也使得职业教育、工读教育等提上议程。凯兴斯泰纳的教育学说
恰恰满足了这种需求,这也使得国人关注并译介其学说,为我国教育乃至
社会发展寻求良策。

在主要介绍凯兴斯泰纳劳作学校理论的同时,《教育杂志》刊载的有
关劳作教育的文章中,也提到德国费希特《告德意志国民书》对培养劳作的
生活、劳作的精神的必要性的论述,也介绍了德国邱乃尔、撒伊德儿、纳特
儿布对劳作教育的提倡,且指出德国的劳作教育,"本着从社会的理想主义

之见地出发，同时要实现社会的理想主义"，而非叫人们因劳作而发财。[①]

3. 文化教育学

文化教育学又称精神科学教育学，代表人物主要有狄尔泰、斯普朗格、李特、福利特纳和鲍勒诺夫等人。其经典著作包括狄尔泰的《论普遍有效的教育学的可能性》、斯普朗格的《文化与教育》、李特的《教育学与文化》等。文化教育学与实验教育学和赫尔巴特教育学相对立而存在与发展，深刻影响了20世纪德国乃至世界教育学的发展。

我国教育学界在主要关注杜威实用主义教育学说、赫尔巴特教育学说的同时，开始关注到德国文化教育学。《教育杂志》于1929年起相继刊发了杨人楩的《文化哲学的教育思潮》和蒋径三的《文化教育学的理论与方法》《文化哲学与文化教育学》等。在《教育杂志》刊发的关于文化教育学的文章中，杨人楩以狄尔泰《论普遍妥当的教育学之可能性》为主，详述了文化哲学的教育学原理，主要谈及了生命观、历史观、社会观和文化观。此外，该文还分析了文化教育学的儿童观、意义、目的论、教材论、方法论，并对文化教育学的优缺点进行了剖析，有助于国人以更为公正合理的态度审视文化教育学。《教育杂志》刊载的有关文化教育学的文章，以蒋径三最多，相关文章有6篇，详细阐述了文化哲学对教育的影响，文化教育学的发生、哲学依据、意义论、方法论、主要主张等，且在文章最后列举了相关研究文献40余篇。[②]同时，蒋径三还根据日本学者野田义父等著作介绍了斯普朗格、利脱、狄尔泰等文化教育学派代表人物的生平及其对教育意义、本质、教师论等的看法，便于国人更好地了解其主要观点。此外，商务印书馆还出版了蒋径三的《文化教育学》（1936），与《教育杂志》相补充，更为全面、系统地译介和传播了德国文化教育学派的主要代表人物及其观点。

4. 现象学教育学、人格教育学等教育学说

《教育杂志》在译介传播德国教育学时，主要集中于凯兴斯泰纳的公

---

① 〔日〕小西博士《欧美之劳作教育》，任白涛译，《教育杂志》，1924年第16卷第7号。
② 蒋径三《文化教育学的理论与方法》，《教育杂志》，1929年第21卷第4号。

民教育理论和勤劳教育学说、文化教育学，但也关注了赫尔巴特教育学说、现象学教育思潮以及黑格尔的教育哲学等。杨人楩率先通过《教育杂志》介绍了现象学的教育思潮，他指出，现象学创立者为德国人爱德曼德·傅赛尔，代表人物是德国人克里克，主要著作为《教育哲学》。"因国内尚无现象学的介绍"，杨人楩在上篇阐述了现象学的内涵、地位、源流、基本概论、要点。在下篇，他主要对克里克的教育观、现象学思潮与学校经营进行了分析。①此外，杨人楩还介绍了新康德派的教育思潮，对其教育哲学依托的重要概念"自然"和"理性"进行了分析，且剖析了该派的人性论、儿童观、教育意义论、教育理想论等。②同时，在《新德意志之教育思潮与制度》一文中，杨人楩指出，德意志新教育学说大体有价值哲学的教育学说、社会学的教育学说、文化哲学的教育学说、社会学的教育学说。钱鹤介绍了德国人格教育学，指出其观点为"力主感情意志之陶冶，反对主知主义之教育。主张精神生活与理性培养，排斥物质文明与直观智识。提倡个人创造能力，否认自然社会压迫与环境遗传之限制。提倡艺术教育、勤劳教育，反对科学万能和物质享乐"③。孟宪承则研究了黑格尔的教育哲学，从其哲学体系说起，继而从教育本质论、知识论、道德论一一入手，指出黑格尔认为教育是"主观之有形的渐进的超越"，注重理性知识，强调人无条件地执行义务。在分析中，孟宪承还将其与杜威实用主义教育哲学进行对比，清晰地展现了唯心主义教育哲学与实用主义教育哲学的异同。

　　在《教育杂志》刊发的关于德国教育学的文章中，以朱文叔、章光涛对德国教育学派的介绍最为全面。《教育杂志》1926年刊发了朱文叔译自日本学者中岛半次郎《最近的德国教育学界》一文，根据德国学者摩格氏列举的德国教育界的争论和派别，再现了德国教育学界教育学史著作以及个人的教育学派、社会的教育学派、谋社会和个人统和的教育学派、人格教育学派等不同派别的观点和异同点。最为详细而全面地梳理德国教育学的要属

---

① 杨人楩《现象学与教育思潮》，《教育杂志》，1929年第21卷第8号。
② 杨人楩《新康德派之教育思潮》，《教育杂志》，1929年第21卷第1号。
③ 钱鹤《人格教育之要义》，《教育杂志》，1927年第19卷第6号。

章光涛的《现代德意志教育理论之鸟瞰》一文，该文介绍了赫尔巴特学派、社会教育学派、人格教育学派、演绎与归纳法教育学、现象论的教育学、价值哲学的教育学、自然科学的心理学与教育学、精神科学的心理学与教育学、精神分析派的教育学、宗教派的教育学十大教育学流派的观点。[1]

5. 老教育家的书信

此外，《教育杂志》还以连载的形式,刊登了德国教育家柴束紫孟氏晚年的著作《老教育家的书信》。该书信以通信的体裁,谈及了教育家如何教育儿童,如何提高修养等问题,为教育工作者更好地完善自己和改进教育提供了建议。

（五）《教育杂志》与法国教育学的译介传播

若以《教育杂志》1909年第6期《西洋二十四教育家略传》对法国教育家卢梭及其著作《爱弥儿》的介绍为标志,其对法国教育学的译介时间亦呈现较早的特点。[2]然而,《教育杂志》并没有对卢梭的教育思想进行详细的译介和传播,且对法国教育学著述的译介数量较少,译介周期较短,仅集中于1931~1935年间。同时,对法国教育学的译介主要是针对教育小说《苦儿流浪记》和涂尔干的教育社会学,具体如表2-23所示：

表2-23　《教育杂志》刊载法国教育学著述一览表

标　题	作者/译者	年、期数
苦儿流浪记	爱克脱麦罗/天笑	1912~1914年
涂尔干的社会学的教育学说	朱介民	1931年第23卷第4号
法国社会学者涂尔干像及其签名	—	1931年第23卷第9号
法国现代教育学	Pierre Frieden/吴俊升	1935年第25卷第2号

---

① 章光涛《现代德意志教育理论之鸟瞰》,《教育杂志》,1931年第23卷第4~5号。
② 《西洋二十四教育家略传》,《教育杂志》,1909年第1卷第6号。

1.《苦儿流浪记》及其教育观

《苦儿流浪记》的作者是法国著名作家埃克多·马洛，该作品被翻译成多种文字，一再重版，且被搬上银幕。可以说，《苦儿流浪记》并不是由教育家所写的教育著作，而是一部文学作品，与卢梭《爱弥儿》、裴斯泰洛齐《贤伉俪》等有一定的区别，并没有赋予教育思想、教育观等，但是这部教育小说的最大意义就在于，以主人公雷米为代表的少年儿童，恰恰是民国时期诸多困苦儿童的缩影，经过自己一番艰苦不懈的努力，最后得到了幸福。因此，它所包含的提高儿童修养、锻炼少年意志品质的教育价值，对于我国教育界有一定的启发意义。

2. 涂尔干的教育社会学

《教育杂志》译介传播了法国著名社会学家涂尔干的教育学说。在《涂尔干的社会学的教育学说》一文中，作者首先陈述了译介的原因和目的，即"教育学在一切科学中，它的地位和情形，要同生物学、社会学、政治学等一样，不仅要与其他任何种科学发生密切的关系，而且关系正如上述——这一部门中的进步是另一部门的进步之准备。从历史和事实的证明，谁也不能否认心理学、生理学、社会学等与教育学间的关系是这样关联着的。社会学在社会科学中，原是一种最基本而又最总括的科学，故它无疑的要与其他任何种社会科学都发生有很密切的关系"。作者朱介民再现了涂尔干的生平、社会学说及教育学观，并指出其教育目的是未成年人者的社会化，教育本质是创造、是传递，但是所传递的东西不是没有限制的，而是依据社会所决定等。最后作者还评析了该教育学说的优缺点。

除上述两方面外，吴俊升还译介了法国出版的重要教育著作，"以明法国现代教育学之一斑"。在此，吴俊升分为四大类进行介绍，第一类为"普通教育学"，包括《法国文学中的儿童》《一种教育方法的研求》《关于教育的话》；第二类为"社会的教育学"，包括《中等教育中之社会陶冶》；第三类是"教育行政组织"，包括《新教育与视察问题》《适应》《法国学校合作》；第四类是"教学法"，有《测验法》《儿童的图画》两本书。可以说，该文并没有介绍法国的教育学流派、代表人物及其观点，主要是为国内研究者获取全新的法国教育学研究著作提供了资料。

（六）《教育杂志》与意大利教育学的译介传播

《教育杂志》对意大利教育学进行的译介传播，主要是介绍蒙台梭利教育法。蒙台梭利是教育史上一位杰出的儿童教育思想家和改革家，是20世纪享誉全球的意大利儿童教育家。1907年，她创办了第一所"儿童之家"，开始了闻名世界的教育实验活动，并对当代世界儿童教育的改革和发展产生了极为重要的影响。她所创立的独特的蒙台梭利儿童教育法风靡了整个西方世界，深刻地影响着世界各国。蒙台梭利教育法的奠基之作，是其1909年出版的《运用于"儿童之家"的幼儿教育的科学教育方法》一书，该书系统地总结了1907～1909年间蒙台梭利对"儿童之家"所做的实验、观察和研究。该书于1912年由其美国学生安尼乔治翻译为英文，并首先在美国出版，同年被译为法文，次年出版德文版，1914年由日本学者河野清丸译为日文，书名为《蒙台梭利教育法及其应用》。

1. 蒙台梭利教育法

民国初年，我国最先仿照并引进日本教育学，但是对蒙台梭利教育法的译介传播却早于《蒙台梭利教育法及其应用》的出版时间。《教育杂志》于1913年第5卷第1号刊发了《蒙台梭利女史之新教育法》，对蒙台梭利的介绍时间仅比美国所出著作的英文版以及法文版晚1年。《教育杂志》率先开启了对蒙台梭利教育法的译介传播，这也是目前见到的最早介绍蒙台梭利教育思想的文章。此后，《教育杂志》刊载的有关蒙台梭利教育法的文章具体如表2-24所示：

表2-24　《教育杂志》刊载蒙台梭利教育法一览表

标　题	作者/译者	年、期数
蒙台梭利女史之新教育法	—	1913年第5卷第1号
蒙台梭利新教育法之设施	愻　生	1913年第5卷第5号
蒙台梭利女史小传	钱智修	1914年第6卷第3号

（续表）

标 题	作者/译者	年、期数
蒙台梭利教育原理珠算教授法	天 民	1914年第6卷第4号
蒙台梭利教育法序言	高凤谦	1914年第6卷第8号
抱一日记①	黄炎培	1916年第8卷第2号
一九一五年万国教育大会期内附设蒙台梭利幼稚园	—	1916年第8卷第3号
巴斯第夫人蒙台梭利教育法演说词	经 宇	1916年第8卷第7、11号
自动主义的根本思想②	姜 琦	1920年第12卷第1号
蒙台梭利之小学教育方法论	常乃惪	1922年第14卷第9号
蒙台梭利氏所主持之"教育呼声"	T.C.	1923年第15卷第9号
最近达刺谟大学授予蒙台梭利女史以荣誉学位	—	1924年第16卷第9号
蒙特梭利女士之重见罗马儿童	—	1930年第22卷第3号
蒙特梭利教育法在华之厄运	—	1931年第23卷第3号

由上表可知，《教育杂志》关于蒙台梭利教育法的介绍呈现出如下特点：

第一，译介时间早，且持续时间长。由上可知，我国早于日本学者所译蒙台梭利著作，于1913年便在《教育杂志》介绍了蒙台梭利的儿童之家。同时，译介文章主要发表于1913～1916年，平均一年1.5篇，且1914年介绍最多，有3篇。

第二，就译介内容来看，涉及蒙台梭利儿童之家、蒙台梭利教育法、蒙台梭利的传记、蒙台梭利教育法与小学教育、蒙台梭利教育法在中国及其蒙台梭利近况等。

2.《爱的教育》和《续爱的教育》

《教育杂志》除介绍了蒙台梭利教育法外，还翻译了孟德格查的《续爱的教育》，具体如表2-25所示：

---

① 该文提到，在与友人谈话时涉及蒙台梭利法。

② 该文提到，自动主义分为四派，其中之一是采用蒙台梭利的思想，指出蒙台梭利思想不是根据哲学，乃是一种自然科学，所以蒙氏将自己的教育学说叫作"科学的教育学"。

表2-25　《教育杂志》刊载《续爱的教育》一览表

标　题	作者/译者	年、期数
爱的教育	亚米契斯/薫宇	1925年第17卷第9号
续爱的教育	孟德格查/夏丏尊	1929年第21卷第1～12号
弗西主义意大利教育之哲学	E.A.Miller/林仲达	1931年第23卷第7号

《爱的教育》是意大利作家亚米契斯的作品,是被各国公认为最富有爱心和教育性的读物。《教育杂志》刊载了薫宇的介绍和读后感,作者也思考了"教育者要怎样地努力才能创造出这样'诗的'学校来呢?"这一问题,指出教育必须要有灵魂。译者夏丏尊在译者前言中写道:"学校教育到了现在,真空虚极了。单从外形的制度上方法上,走马灯似的更变迎合,而于教育的生命的某物,从未闻有人培养顾及。好像掘池,有人说四方形好,有人又说圆形好,朝三暮四地改个不休,而于池的所以为池的要素的水,反无人注意。教育上的水是什么?就是情,就是爱。教育没有了情爱,就成了无水的池,任你四方形也罢,圆形也罢,总逃不了一个空虚。"[①]所以说,《爱的教育》虽是一部文学作品,却为国人传达了教育爱至关重要的理念,也启发国人开始思考如何成为具有责任担当的教育者。

《教育杂志》虽未刊载《爱的教育》,却连载了《续爱的教育》。该书是《爱的教育》姐妹篇,由《爱的教育》作者亚米契斯的挚友孟德格查(意大利著名诗人)撰写。《续爱的教育》与《爱的教育》一样,共同为教育者传达了要用无限的爱去教育学生,以人格去感化学生,成为施行人格感化的大教育家的理念。同时,教育者必须给学生以生活之爱的教育、劳动之爱的教育、亲人之爱的教育、祖国之爱的教育、自然之爱的教育。因此,两本书共同为国人传达了以爱化人的先进教育理念,影响了当时的教育界。

《教育杂志》在译介意大利教育学时,还对意大利法西斯教育的哲学等进行了介绍。该文介绍了意大利教育改造的计划,并说明这种教育革新

---

① 夏丏尊《爱是悲悯的时光: 夏丏尊作品精选》,北方文艺出版社,2014年,第113页。

计划所依据的哲学概念,还介绍了法西斯主义教育的概念。

(七)《教育杂志》与苏俄教育学的译介传播

《教育杂志》还对苏俄教育学进行了引进和传播,主要对平克微支(A.P.Pinkevitch)的教育学说和教育心理学,以及苏俄教育学界的发展进行了介绍,使我国开始接触马克思主义教育学,并开始思考如何更好地在教育理论中体现马克思主义教育思想。具体刊载文章如下表所示:

表2-26　《教育杂志》刊载苏俄教育学相关文章一览表

标　题	作者/译者	年、期数
苏俄教育之理论与实际	杨人梗	1928年第20卷第11号
日本学者之苏俄教育理论的研究	金溟若	1930年第22卷第1号
苏维埃共和国的新教育	Albert P.Pinkevitch/柳其伟	1930年第22卷第2号
苏联新兴教育之一般理论	A.P.Pinkevitch/李谊	1930年第22卷第8～9号
俄国新兴教育之根本原理	山下德治/赵德明	1930年第22卷第10号
平克微支之教育心理观	A.P.Pinkevitch/李谊	1931年第23卷第11～12号
苏联小学教育今日的一般理论与实施	A.P.Pinkevitch/尚仲衣	1933年第25卷第6号

从上表来看,《教育杂志》于1928年开始译介苏俄教育学,较早地译介了苏俄教育学,尤其是平克微支的马克思主义教育学,比《教育学新论》的出版(辛垦书店1935年版)早13年。《教育杂志》虽因刊载容量小,不能与论著的全面性相比,但却凭借其即时性,使国人及早地了解了苏俄教育学及其平克微支教育学。

1. 平克微支及其马克思主义教育学

平克微支(1884～1939),苏联教育学家和教育实践家,主要著作有《博物学初级课程教学法》(1914)、《教育学》(1923)、《苏联教育学十年》(1927)、《苏联教育学原理》(1929)等。随着马克思主义教育学的发展,平克微支在苏联建国初期便探索运用马克思主义哲学建构教育学,并在当时产生了较大的影响。《教育杂志》亦对平克微支及其马克思主义教育学进行了译介, 尤以杨贤江的译介最多。

就上表所列举的文章来看, 平克微支的《苏联新兴教育之一般理论》, 是国内最早较为全面地译介平克微支教育学说的文章。《苏维埃共和国的新教育》是对平克微支《The New Education in Soviet Republic》(1929)的介绍。《平克微支之教育心理观》是根据其所著《苏俄之新教育》第三、第四两章《心之发展》译述而成, 可以窥见苏俄教育对于心理学的应用, 并为我国提供借鉴。

2. 苏俄马克思主义教育学

除对平克微支教育学进行介绍外, 《教育杂志》还对苏俄教育学的本质以及日本教育学者对苏俄教育学的研究等进行了译介, 有利于国人进一步明确苏俄马克思主义教育学。其中, 杨人楩在《苏俄教育之理论与实际》中指出, 苏俄教育的原理有五项, 其中根本原理是"唯物辩证法的世界观之发展"。此文虽然较大篇幅都在介绍苏俄的各级各类学校, 却使国人明确了苏俄教育学是马克思主义教育学。《日本学者之苏俄教育理论的研究》是根据日本学者仲宗根源《苏俄新教育之研究》首章进行的节译, 对苏俄教育研究的必要性、教育的意义和变迁、马克思主义、空想的革命论者、封建时代与资本主义时代教育的差异、资本主义制度的教育、劳动与教育、马克思的教育论、马克思主义与普罗列托加尔特之关系等9个命题进行了阐释。赵德明所译日本学者山下德治的《俄国新兴教育之根本原理》, 从教育的社会性、阶级性和现代性三个主题对苏俄新兴教育进行了阐释。

此外, 《教育杂志》还对俄国大文学家、教育家托尔斯泰的教育学说及教育实验进行了译介, 刊载文章如下表所示:

表2-27　《教育杂志》刊载托尔斯泰文章一览表

标　题	作者/译者	年、期数
俄大文豪托尔斯泰小传	——	1911年第3卷第5号
小学教师之托尔斯泰	太　玄	1917年第3卷第1、2、4号
托尔斯泰实验小学之精神	Radosavljerich/朱然藜	1929年第21卷第6号

《教育杂志》较早地介绍了托尔斯泰,在其逝世后一年便通过万字长文《俄大文豪托尔斯泰小传》对其生平和著作进行了详细介绍,称托尔斯泰对真理的探求令"世间思想界,多为所惊动,乃卢骚以来之一人也。今忽焉而逝,此足为世界人类痛惜者也"。托尔斯泰不仅是一位享誉世界的大文豪,还是一位教育家。"托尔斯泰作为小说家的名声在一定程度上掩盖了他基于第一手经验而获得的教育著述的光辉。"[1]尽管如此,《教育杂志》还是注意到了托尔斯泰教育家的身份,并对其教育思想和教育实验进行了介绍。

《教育杂志》于1917年刊载的《小学教师之托尔斯泰》,指出托尔斯泰"盖彼非唯为世界之一大文豪,且于教育上有非常之贡献矣。关于教育之著书,亦颇不少,义刊行教育杂志,大发挥其天才以倾动一世之观听也"。同时,文章还展现了托尔斯泰的教授法及如何教授历史等学科。《托尔斯泰实验小学之精神》一文由美国纽约大学教授Radosavljerich为纪念托尔斯泰诞辰百年所作。该文也从托尔斯泰的教育思想和教育实验出发,介绍了托尔斯泰的教育学说及其对教育的贡献。

总体来看,《教育杂志》对苏俄教育学进行译介传播时,关注并传播了马克思主义教育学,扩大了国人的视野,使国人了解并逐步接纳马克思主义教育学,也为1949年中华人民共和国成立后我国马克思主义教育学的确立和发展奠定了基础。同时,《教育杂志》对托尔斯泰教育学说进行了介绍,并将其教育实验的具体做法、自由教育学说等展现于国人面前,有助于国人全方位了解托尔斯泰。

(八)《教育杂志》与瑞士教育学的译介传播

裴斯泰洛齐(1746~1827)是19世纪瑞士著名的平民主义教育家,也是颇具世界影响力的教育家之一,"其教育思想最早在19世纪后半叶由西方

---

① Semion Filippovitch Yegorov. Leo Tolstoy .*The Quarterly Review of Comparative Education*
（Paris UNESCO:International Bureau of Education）,1994,XXIV（3/4）.

传教士(如林乐知等)导入我国"[1]。《教育杂志》创刊之后,也注意到了瑞士教育家裴斯泰洛齐,并对其传记、著作《贤伉俪》进行了介绍。《教育杂志》在译介传播瑞士教育学时,呈现了仅通过传播裴斯泰洛齐教育思想,尤其是其《贤伉俪》的传播路径。《教育杂志》刊载的关于裴斯泰洛齐的文章具体如表2-28所示:

表2-28 《教育杂志》刊载瑞士教育学著述一览表

标　　题	作者/译者	年、期数
裴司泰洛齐传	贾丰臻	1913年第5卷第5号
新开发教授论	志　厚	
裴斯泰洛齐铜像	—	1914年第6卷第1号
裴斯泰洛齐百年纪念会	—	1926年第18卷第12号
裴斯泰洛齐百年纪念会	—	1927年第19卷第2号
裴斯泰洛齐铜像百周年祭日纪念	—	1927年第19卷第3号
裴斯泰洛齐学校及其墓塔与纪念碑		
贤伉俪	裴斯泰洛齐/傅任敢	1935年第25卷第1~12号
		1936年第26卷第1~2号

具体来说,《教育杂志》在介绍裴斯泰洛齐教育思想时,呈现出如下特点:

第一,译介时间早但持续时间短。由上表可见,《教育杂志》自1913年便刊载了裴斯泰洛齐传记,并在《新开发教授论》中介绍了裴斯泰洛齐的观点,且对裴斯泰洛齐的介绍主要集中于1935年《贤伉俪》的刊载。

第二,译介集中介绍了《贤伉俪》。1781~1787年,裴斯泰洛齐写了一部四卷本的长篇教育小说《贤伉俪》(《林哈德和葛笃德》),宣传他的教育理想。《教育杂志》通过《贤伉俪》的译介,向国人传达了裴斯泰洛齐认为的应采取与大自然发展秩序相适应的教育原则和方法来发展儿童的自然能力,在

---

[1] 杨汉麟、杨佳《裴斯泰洛齐教育思想的现代意蕴及价值》,〔瑞士〕戴特灵、〔德〕顾正详《以爱为本: 跨越时空惠及子孙的教育理念》,上海交通大学出版社,2014年,第86页。

学习与训练中充分利用儿童的感官, 把教育与生产劳动结合起来的观点。

第三, 就译介内容来看, 《裴司泰洛齐传》开篇即突出裴斯泰洛齐的重要地位, 写道:"裴司泰洛齐何人也, 世界之大教育者也。今日从事教育者无不依此大教育者之指导。"此外, 该文还介绍了裴斯泰洛齐的生平, 也提及了《贤伉俪》、伊佛东学校等, 指出:"自裴斯泰洛齐出, 倡导开发教授法, 风靡一时, 举宿弊而空之。顾开发教授, 亦未可云全无避害。裴氏之说, 终于无功。"《裴斯泰洛齐百年纪念会》向国人介绍了1927年裴斯泰洛齐百年纪念会实况。然而, 《教育杂志》对裴斯泰洛齐提出的教育心理学化的思想、要素教育思想等均没有介绍, 且裴斯泰洛齐在伊佛东的教育实验以及其他著作等均未被关注, 关注面有一定的局限。

(八)《教育杂志》与瑞典教育学的译介传播

《教育杂志》在对瑞典教育学进行译介传播时, 主要集中于对爱伦凯教育思想的介绍。爱伦凯是瑞典作家、妇女运动活动家、儿童教育家, 主要著作有《儿童的世纪》(1909)和《妇女运动》(1912)等。爱伦凯深受卢梭思想的影响, 猛烈批判了教育工作中不顾儿童的年龄特征, 强迫儿童屈从于成人意志, 限制儿童兴趣和活动等弊病。她认为, 理想的教育应该尽量减少外来的干涉和压制, 使儿童的天性得到自然发展。爱伦凯希望, 实现了教育改革的20世纪, 将成为"儿童的世纪"——一个成人研究了解儿童的特点, 保卫儿童天真纯朴的自然本性, 并在这个基础上进行教育的世纪。《教育杂志》于1914年刊发了爱伦凯传记, 比《新青年》1918年第4卷第1号上陶履恭《女子问题》中介绍爱伦凯早4年, 比1919年第5卷第2号袁念如《爱伦幹女史传》早5年, 可能是国内最早介绍爱伦凯的文章。[①]然而, 《教育杂志》介绍爱伦凯的文章并不多, 仅有两篇, 具体如表2-29所示:

[①] 杨联芬《爱伦凯与五四新文化》,《中国现代文学研究丛刊》, 2012年第5期; 张鹏燕《爱伦凯在中国的传播与影响》,《河北学刊》, 2012年第5期。前文提到陶文、袁文分别可能是国内对爱伦凯最早的介绍和中国最早的爱伦凯传记, 后文提到陶履恭在1918年最早以克倚的译名将爱伦凯介绍到中国, 但就《教育杂志》刊发的文章来看, 似乎比两文更早对爱伦凯进行了介绍。

表2-29　《教育杂志》刊载瑞典教育学著述一览表

标　题	作者/译者	年、期数
大教育家爱伦该女史传	旡　我	1914年第6卷第7号
爱伦凯的教育思想	章锡琛	1922年第14卷第9号

《大教育家爱伦该女史传》中写道: "爱伦该之名, 殆遍传于全欧矣。自其所著《儿童之世纪》出世, 使全欧之思想界如大梦初觉, 诚女界之大教育家哉。若英若德若法以及荷兰葡萄牙匈牙利俄罗斯波兰等无不笔译, 此书且莫不风行一时重版数四。德国译本且至二十版以上, 日本明治三十九年, 大村仁太鄙氏亦摘译, 其大要题为《二一十世纪为儿童之世界》, 由同文馆发行。然女史者不惟启教育界革新之机运而已实亦伟大之思想家也, 欧人谓女史可比于六百年前瑞典之圣普利厚资太女史, 故多以普利厚资呼之。"除对爱伦凯的《儿童的世纪》及其影响进行介绍外, 该文还列举了爱伦凯的《母及为母之教育》《爱情与结婚》《妇人革新运动》《妇人之道德及其论文集》等著作, 且指出这些著作"皆有洛阳纸贵"之概。在此基础上, 文章阐释了爱伦凯对于妇女问题的看法, 即"今妇女要求完全自由者, 盖欲谋妇人之进步发展, 即欲得实行人类所有权利之势力"[1]。此外, 该文还选录了丹麦、瑞典、芬兰等国或支持, 或反对爱伦凯者的观点。

爱伦凯作为女性问题专家, 我国主要于20世纪20年代通过《妇女杂志》等系统译介了其妇女论、恋爱论、结婚论等。在主要关注其妇女理论的同时, 《妇女杂志》主编章锡琛也意识道: "但她的教育学说却似乎还少有人介绍, 这实在是一个缺憾! 女士的教育学说不但和她别的学说一样重要, 而且她主张恋爱, 主张结婚自由和离婚自由, 主张母性的尊重, 实在都是以儿童为中心的。所以我们要研究她的学说, 不可不先晓得她的教育思想。"基于此, 他依托《教育杂志》发表了《爱伦凯的教育思想》一文, 成为当时为数不多的介绍爱伦凯教育思想的文章之一。章锡琛系统总结了爱伦

---

① 旡我《大教育家爱伦该女史传》, 《教育杂志》, 1914年第6卷第7号。

凯教育思想的核心观点为儿童中心、尊重儿童。此外,他还对《儿童的世纪》一书中爱伦凯认为的现代学校教育的弊病为压迫儿童个性,现代教育的根本谬误是抑制儿童固有的真性格,爱伦凯对家庭的重视等进行了阐释,并于文章最后呈现了爱伦凯理想中的学校。同时,章锡琛还在文末附上了爱伦凯的著作,有《恋爱与结婚》《妇女运动》《华伦哈根评传》《青年的时代人》《母性之复兴》《恋爱与道德》《战争,和平和将来》,这些著作的呈现,有助于读者全方位地了解爱伦凯的思想及其教育思想。

(九)《教育杂志》与比利时教育学的译介传播

《教育杂志》于1927年刊登了舒新城的文章《德可乐利教育法》,由此开启了对比利时教育学的译介传播,比《中华教育界》刊载的《德可乐利之生卒及其学校》(1933年第21卷第4号)早7年。然而,《教育杂志》刊载时间虽早,但是其文章数量少于《中华教育界》,后者除刊载了前述文章外,还于同期刊载了《德可乐利学校访问记》《德可乐利之学校及其教育法》(1934年第21卷第9～10号)、《德可乐利学校之算术教学》(1935年第22卷第1号)等。

表2-30　《教育杂志》刊载比利时教育学著述一览表

标　题	作者/译者	年、期数
德可乐利(De Croly)教育法	舒新城	1927年第19卷第1号
德可乐利氏近影(照片)		
德可乐利教育法之实验一、二(照片)		

具体来说,《教育杂志》仅于1927年刊载了1篇对德可乐利教育法进行介绍的文章,内容涉及德可乐利生平、德可乐利教学法的原理和一般方法、读法书法教授、教师考察表等。

德可乐利(1871～1932),比利时教育家,1907年在布鲁塞尔创立"生活学校",实验自己的教学理论,即"德可乐利教学法"。德可乐利教学法和美国设计教学法相似,也有"比利时设计教学法"之称。德可乐利主张打破传统的分科教学制而以单元教学代之,将课程分为个人和环境两大类,以个人生活中的营养、居住、防卫和活动为中心,把有关社会、家庭、动物、植物、矿物、天体等方面的知识联系起来,组成教学单元。各年级都按这些单元

图2-6　德可乐利教育法实验二

图片来源: 舒新城《德可乐利(De Croly)教育法》,《教育杂志》,1927年第19卷第1号。

进行学习。每单元的教学分为观察(目的在于使儿童接触实物和现象,养成注意各种现象的习惯,了解生活上种种复杂的情形,了解生物界种种演进现象)、联想(扩大儿童经验的范围,使儿童将间接知识与直接观察联系起来,教学步骤为示例、比较联想、结论、实行)和发表(让儿童用图画、模型、动作、制作或文字表达观念,分为抽象的发表和具体的发表)。同时,舒新城还总结了其重要特点,即重视考察组织,以养成儿童的系统智识;综合教授使儿童于智识学习中,探求实际生活;调和个性、群性,使二者有均衡的发展;教具简便适用,教程适合经济本质。最后,舒新城肯定了德可乐利教育法试验的必要性,他指出:"对于德可乐利教育法,实有试验之必要。至其教授文字语言之综合方法,更为初等教育中工具教学之特点,远优于蒙台梭利之机械方法,很可适用于中国文字,我们更当特别注意。"①

---

① 舒新城《德可乐利(De Croly)教育法》,《教育杂志》,1927年第19卷第1号。

第三章 商务印书馆与中国教育学学科建设

教育学在中国最早是以从国外引进的方式出现的。在这个过程中，留学生和出版机构作为译介力量和译介机构，发挥了重要作用。其中，商务印书馆作为民国时期最重要的出版机构之一，译介出版了一大批西方教育学论著。商务印书馆译介出版西方教育学论著，推动了西方教育学在中国的引进，有助于了解国外教育学各学科的研究状况，为中国教育学学科体系的建构提供了可资借鉴的参照模式，对催生中国教育学产生了重要影响。当然，国人引进西方教育学、商务印书馆译介出版西方教育学论著，仅是一种简单的搬运，且未必适合中国国情和实际。可以说，国人也较早地意识到了中国教育学发展，以及中国教育学与中国教育实践相吻合的问题，并指出："故教育学有共同之原理，亦有本国之国粹。保持本国之国粹，文之以近世教育之新理，庶可以振将亡之旧国，而与列强媲美也。现今坊间所通行之教育学出版者，寥寥数种，类皆译自东书。新理则具，而与我国国情多枘凿不合。锥轮大辂，亦时代使然。"[1]中国教育学者全面地意识到模仿的弊端，意识到外来教育学不能很好地解决中国教育的实际问题后，开始针对本国的实际和需要，编著教育学教材和著作。商务印书馆于此时亦承担起了出版国人所撰的教育学论著的重任，有力地推动了中国教育学的学科建设。

---

① 《绍介与批评·教育学讲义》，《教育杂志》，1910年第2卷第5号。

一、商务印书馆出版的国人所撰教育学论著

据《商务印书馆图书目录（1897—1949）》"教育"一条,自1909年起至1949年,共出版国人所撰教育学论著309本,涉及教育学、教育概论、教育通论、教育原理、教学法、课程论、德育原理、幼稚教育、初等教育、中等教育、大学教育等36个学科,在教育学中国化、教育学科学化、教育学学科独立性、教育学学科体系构建方面,推动了中国教育学学科建设。

（一）商务印书馆出版的国人所撰教育学论著

商务印书馆出版的国人所撰教育学论著,在出版时间、不同学科出版时间、著作者出版量等方面有所不同,大体情况如图3-1、表3-1、图3-2所示:

1. 时间分布

商务印书馆出版的国人所撰教育学论著,在出版时间上呈现出如图3-1所示的特点:

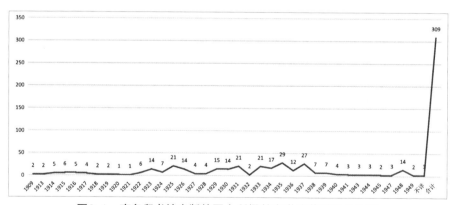

图3-1　商务印书馆出版的国人所撰教育学论著时间分布图

由图3-1可知,第一,商务印书馆出版的国人自撰教育学论著时间较为连续,且延续时间长。商务印书馆自1909年起便开始出版国人自撰教育学论著,一直延续到1949年,除1910～1912年、1942年、1946年5年外,其余36年均在出版国人自撰教育学论著。因此可以说,商务印书馆持续地推进了国人自撰教育学论著的出版和传播。

第二，商务印书馆出版的国人自撰教育学论著在1923年、1925～1926年、1930～1931年、1933～1937年、1948年几个时间段形成了出版高峰期。这几个时间段内，商务印书馆平均每年出版15本以上国人自撰的教育学论著。由此，伴随着20世纪20年代中期以后，尤其是30年代以后教育学中西交流的日益频繁、社会科学领域本土化的影响以及教育学术团体不断成立，商务印书馆在此情势下大力地推动了国人自撰教育学论著的出版。

2. 学科及时间段分布

商务印书馆出版的国人所撰教育学论著，其总数、出版的学科占20世纪上半叶出版的教育学论著的比例，不同时间段出版的相关学科以及不同时间段出版的教育学论著等，呈现出了一定的特点，具体如下表所示：

表3-1　商务印书馆出版的国人所撰教育学论著表

学科＼时间	1901～1914年	1915～1926年	1927～1949年	不详	合计	自编总数	比例（%）
教育学	3	10	3	1	17	52	32.69
教育概论	0	0	3	1	4	36	11.11
教育通论	0	0	2	0	2	9	22.22
教育原理	0	1	0	0	1	13	7.69
教学法	1	20	32	1	54	116	46.55
课程论	0	1	1	0	2	7	28.57
德育原理	0	2	4	0	6	18	33.33
幼稚教育	0	2	16	0	18	28	64.29
初等教育	0	0	6	0	6	14	42.86
中等教育	0	2	1	0	3	5	60.00
大学教育	0	0	1	0	1	1	100.00
特殊教育	0	2	4	0	6	8	75.00
家庭教育	0	2	1	0	3	9	33.33
社会教育	1	2	5	0	8	22	36.36
民众教育	0	0	12	0	12	45	26.67
成人教育	0	0	1	0	1	4	25.00

（续表）

时间 学科	1901～1914年	1915～1926年	1927～1949年	不详	合计	自编总数	比例（%）
职业教育	0	2	8	0	10	24	41.67
电化教育	0	0	3	0	3	5	60.00
师范教育	0	1	3	0	4	9	44.44
农村教育	0	1	1	0	2	5	40.00
乡村教育	0	0	7	0	7	31	22.58
教育哲学	0	2	6	0	8	21	38.10
教育社会学	0	3	2	0	5	12	41.67
教育心理学	0	3	11	0	14	42	33.33
学校管理（行政）	3	5	6	0	14	42	33.33
教育行政	0	0	10	0	10	44	22.73
学校卫生	0	1	4	0	5	8	62.50
中国教育史	1	4	17	0	22	63	34.92
外国教育史	0	7	12	0	19	35	54.29
比较教育	0	3	24	0	27	37	72.97
教育科学	0	1	0	0	1	2	50.00
教育研究方法	0	0	1	0	1	3	33.33
教育统计学	0	2	1	0	3	13	23.08
教育测验与统计	0	1	3	0	4	19	21.05
教育测验	0	2	3	0	5	13	38.46
教育生物学	0	1	0	0	1	2	50.00
合计	9	83	214	3	309	817	37.82

由上表3-1可知，商务印书馆出版的国人自撰教育学论著有如下特点：

第一，商务印书馆出版了大量国人自撰的教育学论著，遥遥领先于其他出版机构。如上，商务印书馆共出版309本国人自撰教育学论著，占所出版36个学科总数817本的37.82%，占20世纪上半叶出版的国人自撰的涵盖41个学科的833本教育学论著的37.09%。由此可知，商务印书馆出版了1/3左右的国人自撰教育学论著，数量遥遥领先于其他出版机构。

第二，商务印书馆出版的国人自撰教育学论著所涉及的学科较为全面。商务印书馆出版国人自撰的教育学论著涵盖36个学科，占当时国人自撰教育学论著所涉41个学科的87.80%，仅教育测量、教育伦理学、教育科学纲要、教学论没有涉及。在其译介出版的西方教育学论著中，则涉及教育测量。此外，商务印书馆出版的国人自撰教育学论著还传播了德国文化教育学，蒋径三《文化教育学》便是之一，且雷通群《西洋教育通史》中有一节《文化的教育》，对文化教育学的意义、由来、立场和特色、代表学者等进行了介绍。[①]

第三，商务印书馆出版的国人自撰教育学论著所属学科占所属学科总量的比例较高。如上，从教育学到教育生物学36个学科，最低比例是7.69%，大多数都在30%以上，有些还高达100%，其中，20世纪上半叶国人仅著有一本大学教育，而这一本则由商务印书馆出版。此外，商务印书馆还出版了国人自撰的涵盖波兰、德国、意大利等国的比较教育丛书，占国人自撰比较教育论著的比例较大。

第四，不同时间段数量有所差异，且呈现逐步递增的趋势。如前所述，商务印书馆出版的国人自撰教育学论著时间较为连续，且延续时间长。单就不同的时间段而言，出版数量有所差异。其中，1901～1914年，商务印书馆仅出版国人自撰教育学论著9本，1915～1926年为83本，1927～1949年为214本。由此可见，1901～1914年间，商务印书馆出版国人自撰教育学论著较少，大体2到3年才出版1本，这与当时大量译介西方教育学论著以及国人自撰教育学论著较少有关。从1915年开始，商务印书馆出版了大量国人自撰教育学论著，其中1915～1926年是1901～1914年的9.2倍，1927～1949年是1901～1914年的23.8倍，是1915～1926年的2.6倍。可见，自1915年起，尤其是1926年起，随着教育学中国化口号的提出以及国人自撰教育学论著的增多，商务印书馆出版的国人自撰教育学论著呈现激增态势。

第五，不同时间段出版的教育学科有所区别。1901～1914年，商务印

---

① 雷通群《西洋教育通史》，商务印书馆，1934年，第425～435页。

书馆出版的国人自撰教育学论著主要集中于教育学、师范教育、社会教育, 学科门类较少; 1915～1926年, 出版的学科有所扩展, 涉及教育原理、课程论、教学法、德育原理、幼稚教育、中等教育、家庭教育、农村教育、乡村教育、教育哲学、教育社会学、教育心理学、学校管理(行政)、学校卫生、中国教育史、外国教育史、比较教育、教育统计学、教育生物学等多个学科, 且朝向出版各级各类教育学论著的方向发展, 注重教育哲学、课程和教学法、教育科研方法以及教育学的跨学科基础; 1927～1949年, 在前一个阶段的基础上, 夯实了教育心理学、教学法、中外教育史、民众教育、师范教育、特殊教育、职业教育、社会教育、教育概论、教育测验和统计等, 在出版数量和相关学科的研究对象、研究范畴上有所拓展。

3. 论著作者分布

就商务印书馆出版的国人自撰教育学论著的作者来看, 在出版数量多寡、出版学科方面亦有所区别, 如图3-2所示:

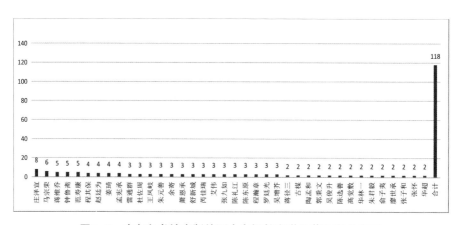

图3-2　商务印书馆出版的国人自撰教育学论著作者分布图

由上图可知, 第一, 就出版数量来看, 庄泽宣出版最多, 有8本; 马宗荣为6本, 居第二; 蒋维乔、钟鲁斋、范寿康居第三, 为5本; 赵廷为、程其保、孟宪承、姜琦、沈百英居第四, 为4本; 雷通群、杜佐周、王凤岐、朱元善、余寄、舒新城、艾伟、陈礼江、陈东原、程湘帆、程瀚章等居第五, 为3本; 郭秉文、陶孟和、吴增芥、吴俊升、古楳、高觉敷、朱君毅等为2本，居第六。其他如蒋梦麟、陈鹤琴等，大多1本。

第二，就作者出版论著的学科来看，大体围绕自己的研究方向进行出版。其中，庄泽宣的8本著作中有4本围绕职业教育，4本主要是国外教育介绍；马宗荣的6本著作中，5本均是社会教育、成人教育，1本为中国教育行政；蒋维乔的5本著作主要是教授法、管理法；钟鲁斋则主要涉及教学法、比较教育和教育科研方法；赵廷为的4本著作均是教学法和教材；孟宪承的4本著作主要是教育概论、大学教育和教育史；艾伟、郭秉文、朱君毅、华林一、华超、蒋径三、陈东原等分别围绕学校制度、教育测验和统计、特殊教育、文化教育学以及教育史等学科和自己的研究方向进行。

第三，就作者群体的学历和所属机构来看，多为留学生，且多在大学教育学院工作，有些还兼任商务印书馆的编辑。其中，郭秉文、蒋梦麟、杜佐周、朱君毅、艾伟等均留美且攻读教育学，郭秉文还是我国第一个获得哥伦比亚大学教育学博士学位的人。同时，他们归国后多在各大学教育学院工作，有南京大学、厦门大学、大夏大学、武汉大学等。此外，蒋维乔、高觉敷、沈百英等人还是商务印书馆的编辑，缪序宾是商务印书馆附属尚公学校的教师。由此，这些作者形成了一个以专攻教育学的大学教师为核心，兼任或专任商务印书馆的编辑以及小学教师均位列其中的多元化群体。

（二）国人所撰教育学论著与教育学中国化

20世纪上半叶，教育学中国化大体经历了"适合国情"意识的萌发（1901～1914）、教育学中国化意识的凸现（1915～1926）和教育学中国化的具体提出（1927～1949）三个阶段。在这个过程中，国人逐步意识到无论是学日还是仿美，都是模仿之作，不适合中国国情，而且不能真正说明或解决中国教育面临的实际问题。有鉴于此，一些学者开始注重站在自身的立场，以更扎实的功底思考中国教育学的建设。在这个过程中，商务印书馆承担起了出版国人所著著作和教材的重任，有力地推动了适合中国国情的教育学的发展。

表3-2　商务印书馆译介西方教育学论著和出版国人教育学论著比较表

时间 数量（本）	1901~1914年	1915~1926年	1927~1949年	年代不详	合　计
译介数	16	45	131	0	192
自撰数	9	83	214	3	309
合　计	25	128	345	3	501

从表3-2所示，1901~1914年，商务印书馆出版的教育学著作，译介多于自撰，且是自撰数的1.8倍。从1915年以后，自撰数开始多于译介数，1915~1926年多出38本，1927~1949年多出83本，年代不详者多出3本，整体多出117本，足见商务印书馆在推动教育学中国化过程中付出的努力。此外，从自撰数来看，忽略年代不详的3本，1901~1926年共有92本，1927~1949年有214本，后20余年是前20余年的2.3倍。显然，自1927年起，中国教育学研究者进入自编教育学著作和教材的高潮。可见，商务印书馆出版教育学论著所经历的教育学中国化历程，与我国教育学中国化历程同步，且均经历了萌发、凸现和提出三个阶段。

随着教育学中国化的逐渐明确和中国教育学研究者自编教育学论著的不断增多，商务印书馆亦随之推进中国教育学研究者的教育学中国化热潮，不仅出版了国人自撰的教育学论著，王云五、沈百英、朱经农等商务人还积极筹划"公民教育""国民教育""师范小丛书"等教育学丛书，并邀请中国教育学人参与其中，进而有力地推动了教育学论著的出版。如范寿康曾指出，1936年暑假，途经上海，"晤王岫庐先生于商务印书馆，岫庐先生即以编日本公民教育一事相嘱，谓馆中正拟出各国公民教育丛书……岫庐先生之托，不敢固辞。由是搜集材料，从事编撰"[1]。熊子容《课程编制原理》大纲"成于复旦大学教育系讲演一次。今承王云五先生约撰此书，乃检查原稿大纲，略加修改"[2]。赵光涛《电化教育概论》"承朱经农先生之鼓励，沈

---

[1] 范寿康《日本公民教育》，商务印书馆，1937年，自序。

[2] 熊子容《课程编制原理》，商务印书馆，1934年，自序。

百英、刘百川两兄协助，勉强把这讲义整理出版"[1]。

　　此外，中国教育学人编撰的教育学论著也多作为师范院校、大学教育学院的教材或参考书，如张子和的《大教育学》是其担任安徽省立师范学校复任教育讲席课余所写，"备高等师范生之研摩，亦且足供我同志诸君担任是科者"[2]；陶孟和《社会与教育》的内容"曾在北京大学讲过两次"[3]；孟宪承的《教育概论》是"当它教科书编的，也希望读者只把他当作教科书来用"[4]；陈科美为暨南大学讲授中国教育史时所用课本为王凤喈《中国教育史大纲》，目的在于"指导学者对于中国教育作一全面之研究，以明其起源、发展及趋势"[5]。通过师范生、教育学专业学生学习商务印书馆出版的国人自撰教育学论著，使教育学中国化更加深入人心，且在一定程度上有助于鼓励和影响学生研究中国本土教育，进一步壮大了教育学中国化的研究队伍。

　　商务印书馆出版的国人自撰教育学论著涉及教育学、教授法、教育史、教育社会学、教育行政等多个学科，在此举几个学科来进行说明。

　　从作为一门学科的教育学教材的编写来看，虽然保留了些许日、美教育学论著的观点和体系，但是中国教育学者于20世纪初便提出了教育学要适合中国、适合中国的教育实际，为中国的教育服务。张子和的《大教育学》作为当时流行较广的教育学教科书，虽是模仿日本教育学，且观点体系来自于日本松本孝次郎及松浦的《教育学》，但是作者在"自序"中表明，"余为中国产思，欲讨论修饰以适合于中国教育界之理想实际"[6]；张毓骢在《教育学》中声明"唯总以适于吾国现情为主"[7]；孙振在《教育学讲义》中提出，编写教材时，"远鉴世界教育之趋势，近求适合我国之国民

---

① 赵光涛《电化教育概论》，商务印书馆，1948年，自序。

② 张子和《大教育学》，商务印书馆，1914年，自序。

③ 陶孟和《社会与教育》，商务印书馆，1922年，序言一。

④ 孟宪承《教育概论》，商务印书馆，1933年，编辑大意。

⑤ 《教育学院准开学程（十八年度）》，《暨南校刊》，1929年第4期，第3～4页。

⑥ 张子和《大教育学》，商务印书馆，1914年，自序。

⑦ 张毓骢《教育学》，商务印书馆，1914年。

教育"①。

从教授法教材的编写来看，1913年商务印书馆出版的《教授法讲义》是蒋维乔于1910年写的，庄俞在1913年5月所作的序中称，"近今流行之教授法大率译自东籍……彼邦之教法移诸吾国，支离牵合不足当著述无疑也"，而竹庄（蒋维乔）则根据其多年的实践经验，编成此书，使之一出"而学校择为教科书者不甚少"。②

从教育史来看，黄绍箕起意并拟就提纲，柳诒徵1908年开始续写，1910年5月完成，约在1925～1927年出版的《中国教育史》，最早体现了这种努力，真正确定了中国教育史的研究范畴和对象，也改变了之前中国教育史并未成为独立和主要叙述对象的现象。③此后，商务印书馆于1916年出版了郭秉文的《中国教育制度沿革史》。这是我国第一部中国教育制度通史，也是第一部具有通史性质的教育制度史，作者撰写的目的在于"知见中国开化之早与国民结集之故"，"知见中国以何术治国，政体何以巩固，人民何得安居乐业"。④作者更加明确了以"吾国公共教育制度"为研究对象，虽然有"以西铸中""以今铸古"的嫌疑，确实将研究对象放置到了中国近代教育制度中，并对当时的教育状况进行了再现和评价，提出了自己的观点，也体现了美国实用主义范式的影响，推动了美国实用主义教育范式在中国的确立等。⑤20世纪20年代以后，中国教育史涌现出了中国通史研究、断代史研究、专题史研究、少数民族教育史研究等。就中国教育通史来看，王凤喈《中国教育史大纲》作为我国第一部中国教育史通史著作，由商务印书馆出版，陈青之《中国教育史》、黄炎培《中国教育史要》、陈东原《中国教育史》等，亦由商务印书馆出版；就断代史来看，卢绍稷《中国现代教育》

---

① 孙振《教育学讲义》，商务印书馆，1926年，例言。

② 蒋维乔《教授法讲义》，商务印书馆，1913年，序。

③ 杜成宪等《中国教育史学九十年》，华东师范大学出版社，1998年，第7页。

④ 郭秉文《中国教育制度沿革史》，商务印书馆，1916年，绪言。

⑤ 周洪宇、李艳莉《郭秉文与现代中国实用主义教育学术范式的建立——基于〈中国教育制度沿革史〉及相关论著的研究》，《教育学报》，2014年第5期。

由商务印书馆出版；就专题史来看，刘伯骥《广东书院制度沿革》、张敬熙《三十年来之西康教育》、吴学信《社会教育史》等，分别研究了中国特有的书院、少数民族教育、中国社会教育史等。以此，研究者以史为鉴，注重从中国教育传统和教育史实出发，以求为彼时中国教育探讨切合国情的思路和方法。

从教育社会学来看，雷通群在《教育社会学》中，明确提出"本书的宗旨在使教育社会学成为中国化"[1]。该书比较广泛地对当时的社会与教育问题进行了关注。从家庭、邻里、经济、宗教、传播媒介、犯罪、社会的救贫等方面，论述了教育与社会的关系。对于犯罪、人口素质、贫困、教育机会、中国的教育与社会问题，作者力图用教育社会学的理论进行剖析，进而阐明教育救贫、救愚、救弱，进而救国的道理。

从比较教育来看，杜佐周为钟鲁斋《比较教育》作序时指出："教育的设施，固当根据自国过去的情形，现时的需要和将来的趋势，来决定各种政策与方案，但绝亦不应闭门造车，固持成法，以求其实现。我国实现新教育以来，几迁频仍，举棋不定，但另方面借镜各国先例，以为参考，亦是必须的。"可见，比较教育是为了本国新教育服务、借鉴和反思，并非纯粹宣传和介绍。钟鲁斋自己也指出："编制上随时提起中国教育的改造问题，因为比较教育的目的是研究外国教育制度与方法，为改进吾国教育的借鉴或参考，但须读者明了本国教育的情形，方有比较研究之可能。"[2]在这一思想的指导下，比较教育著作虽然介绍外国教育，但会明确考虑和熟悉本国特殊情形，且会有自己的结论。如梁瓯第《一九一四至一九一九年欧战时美国的大学》写作和出版的原因在于，我国当时正值抗日战争时期，以美国大学于欧战时的情况为我国所借鉴和参考。该书的主要材料，根据Parke Rexford Kolbe著 *The College in War and After* 等书，但是，"结论却是作者自己的"[3]。

就社会教育来看，马宗荣在《社会教育概说》一书中指出，做此书的原

[1] 雷通群《教育社会学》，商务印书馆，1933年，序。
[2] 钟鲁斋《比较教育》，商务印书馆，1935年，序言。
[3] 梁瓯第《一九一四至一九一九年欧战时美国的大学》，商务印书馆，1940年，前言。

因是"吾国家庭不便，新文化的输入较迟，教育的发达也较缓。所谓学校教育，虽勉强可说规模略具；至社会教育，尚属形骸未全"。而这更多是因为"人民缺乏社会教育的常识"。据此，此书有助于读者系统地了解社会教育的大意，且使我国民众具有社会教育常识。①

就农村教育来看，顾复在《农村教育》中写道："吾国全人口中，农民占百分之七八十，而曾受教育者不过其中百分之二三。故今后办理教育，宜注重农村教育。"因此，本书"系就吾国农村教育立论，更略及丹麦与美国之制度，但以吾国所能仿行为限"②。在书中，作者论及了我国农村的现状、改进方法等，尤其是就农村教育问题等，论及中国教育、中国社会的未来发展。陈兆庆《中国农村教育概论》是"其平日教学的经验及其对中国农村社会所观察到的视线与所怀抱着的感想著成"。作者在书中介绍了中国农业经济，农村学校教育，农村学校编制、校长、教师、课程，农村社会教育的实施方法、机构和种类等，最终目的是通过找出中国整个社会之症结所在，"以求中华民族之复兴"。③由此可见，中国教育学研究者针对中国社会的特殊性，基于农村、农民、农村教育而形成了相应思考，力求为中国复兴和发展谋求相应的解决方案和基本出路。

从教育行政来看，罗廷光在1943年出版的《教育行政》一书中明确提出："我们不能把国外的教育制度移植过来，同样也不可把外国教育行政书籍直接拿来应用……我们要做开创的工作，要本远到的目光，深邃的见解，认清本国教育行政的问题，运用科学的方法和专门的智能以解答。更当就教育行政之'学'与'术'本身作进一步研究。以树立本门学术之深厚的基础。"该书"纯以本国问题为主体，参用外国有效的经验以求解决"，"所举事实力求新颖而正确"，"不仅讨论教育行政的本身，更及其所依附之政治的、经济的、社会的背景"。该书以中国教育管理问题为主体，把欧洲大陆学派与美国学派的教育管理学说有机地统一、融合起来。与20世纪20年代

---

① 马宗荣《社会教育概说》，商务印书馆，1933年，序言。

② 顾复《农村教育》，商务印书馆，1923年，例言。

③ 陈兆庆《中国农村教育概论》，商务印书馆，1937年，序。

相比，罗廷光已注意到对本国教育行政管理制度的历史变迁、沿革进行叙述和分析，开始重视对中国实际问题的讨论，注意采用本国一些地区的调查研究和统计材料，以及对某些地区具体管理经验的介绍或积极的评价。这本书是这个时期中国教育行政学科发展的重要体现。

　　总体来看，商务印书馆通过出版国人基于教育学中国化思考而形成的教育学论著，实现了在出版著作的引导下，有力地传达中国教育学研究者基于中国、基于中国国情而研究教育学的追求。虽然在出版的著作中，有些还是多借鉴、照搬外国教育，但是应该看到教育学研究者已经开始认清中国的教育问题，并注重与中国本土实际相结合，以及就当时中国新教育、抗战时期教育等，结合外国材料和中国教育传统等进行反思。

（三）国人所撰教育学论著与教育学科学化

　　在20世纪上半叶中国教育学的发展过程中，教育学科学化思潮的形成既是"唯科学主义"和西方教育学交织影响的结果，同时也充分地反映了教育学要成为一门独立学科并提高其学科地位的需要。在这一过程中，不少中国教育学研究者不仅提出了教育学科学化的口号，而且进行了一定的实践。最突出的特点是将科学方法运用到教育学研究中，特别表现在测验、实验方法和统计方法的运用上。其中，商务印书馆通过出版中国教育学研究者所著教育心理学、教育统计、教育测验、教育科学研究方法等论著，同样扮演了传播教育测验法、教育统计法等科学研究方法应用于教育学研究中的重要角色，体现了其对教育学科学化的推动和努力。

表3-3　商务印书馆出版的国人所撰教育统计等论著表

作　者	书　名	时　间	作　者	书　名	时　间
朱元善	教育学与各科学	1915年	陈选善	教育测验	1934年
朱元善	学习之心理	1917年	陈礼江	教育心理学	1934年
舒新城	教育心理学纲要	1922年	钟鲁斋	教育之科学研究法	1935年
俞子夷	测验统计法概要	1923年	黄觉民	教育心理学	1935年

（续表）

作 者	书 名	时 间	作 者	书 名	时 间
吴致觉	教育心理学	1923年	王书林	心理与教育测量	1935年
薛鸿志	教育统计法	1925年	王书林	教育统计学	1937年
华 超	教育测验纲要	1925年	陈礼江、陈友端	教育心理学	1937年
廖世承、陈鹤琴	测验概要	1925年	陈选善	教育心理	1938年
朱君毅	教育统计学	1926年	吴增芥	小学各科学习心理	1939年
高觉敷	教育心理学大意	1931年	艾 伟	教育心理学大观	1945年
华 超	教育测验概要	1931年	杨思明	测验与统计	1948年
朱君毅	教育测验与统计	1933年	常彦春	测验与统计	1948年
艾 伟	初级教育心理学	1933年	高觉敷	师范学校教育心理	1948年
艾 伟	教育心理学	1933年	陈永福	教育心理学	1948年

由表3-3可见，第一，就出版数量来看，商务印书馆出版了28本教育心理学、教育统计、教育测验、教育科学研究方法方面的著作、教材，占当时同类著作总量92本的30.43%。可见，商务印书馆通过出版数量优势，占据了推动教育科学化的首要位置，有助于倡导国人以测验、统计等科学方法研究中国教育。

第二，就出版时间来看，以20世纪20～40年代居多，尤以30年代居多。这与20世纪20年代起，南京高师和北京高师的一批学者强调运用科学方法研究儿童心理、教育心理，编制教育统计和各种测量表格有关。1922年，中华教育改进社又邀请推士和麦柯尔来华，帮助我国编制各种教育测验表，并训练有关人才，这场运动促进了教育心理学、教育统计学、教育测验、教育实验等在中国的形成和发展。商务印书馆在此形势下，亦开始密切关注这些科学，并出版了与之相关的著作，有力地回应和推动了教育学科学化。

第三，就作者来看，廖世承、朱君毅、陈鹤琴、王书林、艾伟、陈选善、高觉敷等出版著作最多。自20世纪20年代兴起教育科学化运动，以南京高师的俞子夷、廖世承、陈鹤琴、陆志韦、刘廷芳、艾伟等为代表，积极推行教育测量和智力测验。其中，俞子夷、廖世承、陈鹤琴等或在东南大学附中、上海吴淞中学推动道尔顿实验，或在南京鼓楼幼稚园进行幼儿实验；高觉敷、艾伟等在教育心理学方面造诣颇深，且艾伟还进行了小学语文教学实验；朱君毅则积极推动智力测验。在此，商务印书馆通过聚集教育实验、教育统计等学有专长且有教育实验、测验实践经验的教育学者，并且出版学术著作，更加专业、系统地推进了教育学科学化。

从教育科学来看，朱元善《教育学与各科学》论述了教育学与伦理学、心理学、医学、神学、宗教哲学、美学、政治学等的关系，还介绍了实验教育学以及各国实验教育学的现状。通过介绍实验教育学，国人认识到以往教育学多注重教育理论思辨，忽视了实验方法研究在教育学研究中的应用，推动教育学研究向教育实验、教育科学转型。

从教育心理来看，陈礼江、陈友端《教育心理学》指出："要达到教育的目的，须先研究人类的本性及其发展情形。因为必在明了人类的本性及其发展的情形以后，我们才会在人类各种能力发展适当时期，给人以合理的指导。"[1]黄觉民指出："以教育心理学是实验的科学，编时处处不敢忘记实验二字。除尽力采用可靠的实验结果为立论的根据并及各实验所用的方法外，覆特辟一章详述实验的方法，且于各章后附列实验的练习，俾习此书者于熟悉已有的教育心理学之原理与事实外，还具有研究创造的能力，能用科学的方法，来解决自己遇到的学习和指导的问题。"[2]陈永福明确了教育心理学的方法有实验法、发生法、个案法、征询法、测验法。[3]可见，中国教育学研究者明确了教育心理学是实验的科学，有科学的方法。同时，教育心理学的目的在于应用相应科学方法来实验、创造和解决教育问题。

从教育统计来看，朱君毅在《教育统计学》一书中写道："统计学为今日研究科学教育之必需工具，夫人知之矣。顾统计专书，多见于西文，而汉文本绝少。近日各种教育之实施，如智力之测验，学力之考察，课程之编制，校舍之调查，教育专家，虽已热心提倡，而教育人士，间或缺乏统计知识，

---

① 陈礼江、陈友端《教育心理学》，商务印书馆，1937年，第18页。

② 黄觉民《教育心理学》，商务印书馆，1935年，自序。

③ 陈永福《教育心理学》，商务印书馆，1948年，第10页。

未能协力合作，继续推行，诚为憾事。……搜罗统计原则于方法之适用于研究教育问题者，编为讲义。"①以此，朱君毅指出，研究科学教育，统计学是研究者的必备工具，能够推动教育实验、测验等，从而助力教育学科学化。

除上述提到的教育科学、教育心理、教育统计、教育测验之外，郑宗海在为陈鹤琴《家庭教育》一书作序时写道，陈鹤琴"向来喜欢做观察实验功夫，实有科学家的精神"。回国后两年有了子女后，陈鹤琴有了"时时研究时时实验的资料"。起初"自己沐浴小孩，他一直将发现的事分类地记载下来。有时把足以见到身心现状的材料摄了影。久久渐已积卷盈帙，分类的记载本，已十余本了！"②。由此可知，陈鹤琴将调查法等应用到家庭教育、幼儿教育中，形成了一种研究范式。商务印书馆出版其对子女生活和成长的观察及心得，有助于将此范式进行推广。此外，教育史研究也积极采用科学的、实证的方法。陈东原在其《中国教育史》一书中自称"胡适之先生给我影响最深"③，强调有一份证据说一份话，通过确实可靠的史料来论证教育史，反对玄思空想。

另一方面，商务印书馆出版的《教育概论》《教育通论》等著作，有些也会明确指出教育学是一门科学，应借助心理学、生理学、社会学等知识解决教育问题，且可以利用历史法、调查法、测验法、实验法等进行教育科学研究。如范任宇指出："教育学是一种应用科学，就教育理论而言，其自身虽然可以发展成一种有体系的学说，但其学说的成立，宗旨的确定，却根据于其他各种科学的内容。教育实施工作的开展，便是各种科学原理的应用，例如教育方法的活动，就是生理学和心理学的原理应用。同时教育方针的规定，也就是应用政治学、经济学的原理。"④孟宪承、陈学恂在《教育通论》中，将教育分为教育理论和教育实际，其中教育理论分为教育哲学和教育科学，"教育科学是用科学的方法对教育问题做系统的研究的学问，目的

---

① 朱君毅《教育统计学》，商务印书馆，1926年，自序。
② 陈鹤琴《家庭教育》，商务印书馆，1925年，序。
③ 陈东原《中国教育史》，商务印书馆，1936年，自序。
④ 范任宇《教育概论》，商务印书馆，1943年，第31页。

在分析问题增加效率。属于教育科学范围内的有教育史、教育心理学、教育行政、教学法、教育统计与测量、教育问题等"①。

(四)国人所撰教育学论著与教育学独立性

教育学的学科独立性是一个直接关系到教育学是否具有存在价值的问题，为此，中国教育学者对这一问题进行了探讨。围绕这一问题，20世纪三四十年代形成了两种不同的认识：一种观点认为，教育学不是一门独立的学科。黄炎培、江恒源、杨卫玉等人认为，各种学术彼此均有关系，尤其是教育，以哲学、社会学、心理学等为基础。它可以作为一个专门的问题，专设机关来研究，但不能成为一门独立的学科。这种观点显然仅仅是把教育学作为一个专门的研究领域。另一种观点认为，教育学是一门独立的学科。姜琦、林本、赵廷为、黄溥、李熙谋、常道直、经小川、袁昂、艾伟、陈友松等大多数学者认为教育学是一门独立的学科。②但是，他们也主张，教育学不能因为强调自身的独立性就拒绝与其他学科的联系，且教育学需借助其他学科的力量，这不会影响其学科独立性。因此，中国教育学研究者从教育学学科基础与学科独立性、教育学运用相关学科研究成果与学科独立性等方面进行了探讨。在商务印书馆出版的教育学论著中，也体现了这两方面的思考。

第一，教育学学科基础与独立性。教育学的独立并不意味着拒绝相关学科的研究成果，而是必须以相关的比它更带基础性质的学科为其理论基础。桑代克就曾指出："以理而言，研究教育学者必须略知生物学、心理学、社会学、伦理学以及其他人文各科之事实者也。反言之，如欲将此数种学科于理论与实际双方均能学之而稍收实效，亦必先略知教育学之大纲。"③正是由于教育学与其他学科间双向互动的密切关系，带来了教育学学科基础的选择问题。

---

① 孟宪承、陈学恂《教育通论》，商务印书馆，1948年，第226页。
② 程其保《中国教育问题总检讨》，《教育通讯》，1948年第5卷第4期。
③ 〔美〕桑代克《桑代克教育学》，陈兆蘅译，商务印书馆，1927年，桑代克原书自序。

表3-4　商务印书馆出版教育学论著中教育学学科基础的选择表

作者、著作及其出版时间	教育学学科基础的选择
张毓骢《教育学》 （1914）	伦理学、心理学、生理卫生学、历史学、审美学、论理学、哲学、社会学
孙振《教育学讲义》 （1926）	生理学、卫生学、伦理学、论理学、美学、社会学、进化论、政治学、经济学
范任宇《教育概论》 （1943）	教育学应分教育"学"和教育"术"两方面，两者学科基础不同。 1.教育"学"方面：（1）关于哲学的：哲学概论、中外哲学史册、伦理学、论理学、现代哲学；（2）关于史地的：本国及世界地理、本国及世界历史、本国及世界文化史；（3）关于社会的：社会学（概论与原理）、社会思想史、社会心理学、现代社会问题、社会哲学；（4）关于政治的：政治学（概论与原理）、政治思想史、政治哲学、现代政治状况、法律及法规；（5）关于经济的：经济学（概论与原理）、经济思想史、现代经济状况、财政学及会计。 2.教育"术"方面：（1）关于教育对象的：儿童学、青春期之研究；（2）关于心理的：普通心理学、试验心理学、比较心理学、变态心理学、行为之生物基本（神经学）、心理学史；（3）关于生物的：普通生物学、动物学、生物学、遗传学、优生学、胚胎学、细胞学；（4）关于理化的：普通高等物理学（大学物理学）、普通高等化学（大学化学）；（5）关于数学的：高等代数、解析几何、微积分。
邱觉心《教育通论》 （1948）	哲学、社会学、心理学、生理学、政治学、经济学

由表3-4可见，商务印书馆出版的教育学论著中，中国教育学者已经初步具备了跨学科思维，且为了适应科学的发展，所论及的教育学学科基础，涵盖了包括哲学、心理学、社会学、政治学、经济学、生物学、优生学、胚胎学、细胞学等在内的几乎所有已知学科。这充分说明，中国教育学者认为"教育学乃是一种博大精深的学问，欲对教育学有所贡献，不仅需要从教育学本身着手，与之关联者亦不能容吾人忽视"[1]。以此出发，他们十分关注当时科学的发展，在教育学的建设上已有比较广阔的视野，但是似乎一门学科只要与教育学沾边，就将其选择为教育学的学科基础，有简单罗列的倾向和嫌疑。在确定教育学学科基础时，需要明确确定学科基础的标准，研究为何和何以可能以这门学科作为基础，这些方面似乎在商务印书馆出版的论著乃至全中国都没有很好地开展起来。

---

[1] 邱觉心《教育通论》，商务印书馆，1948年，第135页。

　　第二，教育学运用相关学科研究成果与独立性问题。在运用相关学科的研究成果进行教育学的学科建设这个问题上，学者们一般有两种不同的观点：一种认为教育学是相关学科的运用。一些学者把本学科作为相关学科的具体应用，从相关学科的立场去进行学科体系的建设。另一种强调教育学科的独特性，主张站在教育学的立场去吸收相关学科的成果。哲学、社会学、历史学、心理学、生理学等均是教育学的重要学科基础，教育哲学、教育社会学、教育史、教育心理学、教育生理学等是前述学科和教育学嫁接而成的教育学科。此处以商务印书馆出版的教育哲学、教育社会学、教育史、教育生物学等著作来看，从中管窥这些著作中传达的如何认识并解决教育学与相关学科关系的观点。

　　以教育哲学来看，吴俊升《教育哲学大纲》明确了哲学对于教育学的重要意义，并指出："教育始终随着哲学思潮而变迁，亦步亦趋，如影之随行。这种情形在现时更为明显。"同时，通过历史考察，他得出"哲学家大都同时即是教育学家。——教育不但随着哲学思潮而变迁，并且提倡一种哲学思潮，而将此种思潮用到教育学说和实施的，往往即是一个人"的结论。由此，哲学与教育在事实上关系密切，且哲学和教育相辅相成。哲学有赖于教育，教育是哲学的实验地；教育有赖于哲学，教育"应该随时从哲学的观点来批评它的目的和方法"[1]。在此，吴俊升并没有明确提及教育哲学是哲学的下属学科之一，从而否认教育学的独立学科地位，只是指出教育和哲学的密切关系，且认为教育学应随时关注哲学，吸收其观点和方法，但似有教育学过多依赖哲学的思想倾向。与吴俊升并未明确教育哲学的学科归属不同，邱觉心在明确"教育的本质与目的的决定，大半以哲学为其根据"，且"教育学舍去了哲学，便会成为无定向的，就好像茫茫大海失舵的孤舟"后指出，教育哲学这门科学，"又可称为一种应用哲学"。[2]

　　以教育社会学来看，商务印书馆出版了陶孟和《社会与教育》、雷通群

----

① 吴俊升《教育哲学大纲》，商务印书馆，1935年，第12～21页。

② 邱觉心《教育通论》，商务印书馆，1948年，第134页。

《教育社会学》、卢绍稷《教育社会学》等。陶孟和与雷通群都将教育社会学视为社会学分支，力图运用社会学的理论、方法研究教育与社会的关系，以解决教育问题。卢绍稷指出："教育社会学，乃立于社会学之见地，以研究教育的理论与实际之科学。"[1]

从教育心理学来看，商务印书馆出版的诸多教育心理学著作都涉及教育学和心理学的关系，即可以应用心理学的方法研究教育。如陈礼江、陈友端指出，心理学与教育关系密切，认为可以将心理学的相关成果应用到教育理论和方法中。[2]此外，他们大多认为教育心理学属于应用心理学，如吴致觉指出："教育心理学，也是应用心理学的一支。"[3]陈永福持相同观点，首先就"什么是教育心理学"这一问题，他指出："教育心理学是研究人类反应教育环境的活动的科学，也可以说是研究关于教育历程之心理基础的科学。它把心理学的原则和事实，用来研究人类教育的行为，借以增高教学的效率。"在心理学与教育心理学的关系这一问题上，陈永福认为，从科学分类的依据来说，教育心理学是"应用心理学之一支"[4]。当然，也有学者指出："为教育学之分科的教育心理学，其主旨便在沟通教育与心理学，使心理学为教育之用，使教育学得心理学而根基固牢。"[5]

总之，商务印书馆出版的国人所撰教育学论著大体完整、全面地呈现了20世纪上半叶中国教育学人所确立的哲学、心理学、社会学、生物学等诸多学科基础，也使得国人明确了教育学是一门吸收性、包容性极强的学科，有助于不断拓展教育学的学科基础和学科视野。同时，出版的相关论著中也涉及国人关于教育学是相关学科的应用，抑或是站在教育学立场，吸收其他学科的观点或争论，进一步引发国人关于教育学学科独立性的思考，启发其充分考虑教育学自身的"独特任务"，不会使教育学成为其他学科的"附庸"。

---

① 卢绍稷《教育社会学》，商务印书馆，1933年，序言。

② 陈礼江、陈友端《教育心理学》，商务印书馆，1937年，第16页。

③ 吴致觉《教育心理学》，商务印书馆，1923年，第8页。

④ 陈永福《教育心理学》，商务印书馆，1948年，第6页。

⑤ 邱觉心《教育通论》，商务印书馆，1948年，第134页。

（五）国人所撰教育学论著与教育学体系构建

随着教育学在中国的引进，如何对教育学进行分类，并形成中国教育学的学科体系，成为20世纪上半叶中国教育学者不得不思考并解决的问题。

1. 国人自撰教育学论著中教育学的分类

我国原本没有现代学科形态的教育学，教育学学科体系自然也就无从谈起。20世纪上半叶，中国教育学科及其体系是在引进的基础上逐步形成的。如何对教育学进行分类并形成中国教育学的学科体系，自然就成了教育学者不得不思考并解决的问题。一方面中国教育学者在引进的同时，综合国外教育学分类的基础，提出了自己的分类标准，一方面在自撰的教育学著作中，对教育学进行了分类。商务印书馆出版的国人自撰的教育学论著，体现了国人对教育学分类的思考。具体如表3-5所示：

表3-5 商务印书馆出版国人自撰教育学论著的教育学分类

孙振《教育学讲义》 （1926）	1.理论教育学 目的论 方法论：教学、训育、美育、体育 应用教育学 家庭教育 2.学校教育：各科教学法、教育制度论（教育行政）、学校组织法、学校卫生 社会教育
张宗麟《教育概论》 （1938）	1.本质部分：教育学、教育心理学、教育社会学、教育经济学、儿童心理学、教学法、培育法、课程编制、教育行政、教育视导、教育史、教育哲学、异常儿童心理、异常儿童教育、特殊教育学、卫生教育学、乡村教育、工人教育等 2.方法部分：教育统计学、教育测验法、教育调查法、各级学校各科教材编制法

从上述分类来看，大体有以下两种分类方法：其一，"理论—实践（实际）"两分法。孙振在莱因的教育学分类框架的基础上加以充实，从而进行教育学分类。同时，付继良、舒新城、陈科美等也多是借鉴莱因二分法进行的分类。其二，"本质—方法"两分法。张宗麟从"本质"与"方法"两个维度，对教育学进行了分类。从"本质"角度进行分类，实际上是从研究对象

角度对教育学进行分类。把研究方法作为分类标准，体现了对教育研究方法的重视。这个分类既强调教育学的研究对象，又强调研究方法，体现了把教育学建设成为一门独立学科的愿望。

除商务印书馆出版的论著中提及的教育学分类方法外，还有张怀的"目的—方法—技术—组织—历史"多维分类法以及王秀南的"理论—实践（实际）—方法"分类法。总体来看，商务印书馆出版的国人自撰教育学论著中提及的教育学分类法，是当时颇具代表性的两种分类方法，也体现了莱因的"理论—实践（实际）"的分类方法对中国学者的影响。

2. 国人自撰教育学论著中的学科建设

如前所述，商务印书馆出版了大量国人自撰的教育学论著，遥遥领先于其他出版机构。具体来说，商务印书馆出版的国人所撰教育学论著构建的教育学体系，如图3-3所示：

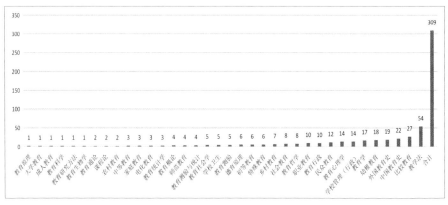

图3-3　商务印书馆出版的国人自撰教育学论著学科分布图

由图3-3可知，第一，商务印书馆出版的国人自撰教育学论著，形成了以教育学为中心，科目较为齐全、内容较为全面的学科体系，基本体现了教育学在中国的发展框架和分化趋势。具体体现为：1.在传统教育学（即教育学教材）的知识体系下分化出来的不同学科，如教育概论、教育原理、教育通论、教学论、教学法、课程论、德育原理等。这类学科代表了教育学在20世纪上半叶的一个发展趋势——内部分化,即由原来笼统的一门学科分化为具体的学科。2.教育学与其他学科相结合而产生的交叉学科,旨在探讨教育领域中某一专门问题,如教育哲学、教育社会学、教育心理学、教育卫生学、教育生物学、教育行政学、教育统计学等。这类学科代表了教育学在20世纪上半叶发展的另一个趋势——综合,即初步实现了教育学与其他学科门类的沟通与互补,丰富和拓宽了教育学在中国发展的知识领域和认识深度。3.根据教育实践的发展,对教育实践中的某个专门问题或领域进行研究而形成的学科,如家庭教育、社会教育、民众教育、特别教育、成人教育、农村教育、职业教育、师范教育、乡村教育、生产教育、生活教育、幼稚教育、初等教育、中等教育、大学教育等。这类学科反映了教育学在20世纪上半叶的具体化和专门化,即开始由传统的理论教育学向实践教育学渗透,这无疑拓宽了教育学在中国的研究领域,有助于教育学研究实践价值的提升。

第二,商务印书馆出版的国人自撰教育学论著,突破了研究对象仅限于学校教育的藩篱。一般来说,20世纪初,教育学学科体系在中国的构建主要局限在学校教育领域,但值得注意的是,1913年商务印书馆出版的谢荫昌的《社会教育》已经将研究对象拓展到学校教育之外。此后,随着五四运动后教育现代化运动的进一步深入,为解决中国的各类社会问题和教育自身的发展问题,中国教育学家的实践逐渐向非学校教育领域延伸,平民教育、乡村教育、民众教育等越来越成为重要的教育形式和领域。在这一情势下,商务印书馆出版了民众教育、乡村教育、农村教育、成人教育等著作达31本,占总出版量的10.03%。这表明我国当时在教育形式上已逐渐突破学校教育范围,开始重视成人教育、社会教育、职业教育、民众教育、生产教育、乡村教育等。同时,教育实践领域的拓宽和教育学者认识上的进步,又使教育学的问题领域进一步扩大,教育学由"学校教育学"成为"教育系统"之学,推动了教育学的学科建设。

第三,商务印书馆出版的国人自撰教育学论著,涉及的学科发展不平衡。到20世纪40年代末,商务印书馆出版的国人自撰教育学论著已经形成以教育学为中心, 包含众多教育学分支学科的体系。但由于各学科原有基础不同、中国教育实践的需要不同以及研究者水平高低不同等原因, 各学科发展并不平衡。从出版数量来看, 达到5本以上的有教育社会学、学校卫生、教育测验、德育原理、初等教育、特殊教育、乡村教育、社会教育、教育哲学; 达到10本以上的有职业教育、教育行政、民众教育、教育心理学、学校管理(行政)、教育学、幼稚教育、外国教育史; 达到20本以上的有中国教育史、比较教育; 教学法则达到50本以上。这些学科大多是师范教育体系中的课程。这也表明, 教育学学科在中国发展的成熟度与师范教育密切相关。虽然仅仅凭出版数量, 我们难以说明这些学科就已经趋于成熟, 但这些学科显然比其他学科发展得更为完善。同这些学科相比, 有些学科, 如大学教育、教育生物学、成人教育等可以说才刚刚起步。还有一些学科, 如教育经济学, 还蕴藏在其他学科中, 有待于进一步分化。

3. 教育学学科体系在出版论著中的体现

自1903年起, 国人开始尝试编写教育学教材。商务印书馆出版的相关教育学论著, 有些是国人编写的第一本著作、教材或讲义:

蒋维乔:《学校管理法》, 商务印书馆1909年版。

谢荫昌:《社会教育》, 商务印书馆1913年版。

周维城:《特别教育》, 商务印书馆1916年版。

舒新城:《教育心理学纲要》, 商务印书馆1922年版。

陶孟和:《社会与教育》, 商务印书馆1922年版。

顾复:《农村教育》, 商务印书馆1923年版。

廖世承:《中等教育》, 商务印书馆1924年版。

华超:《教育测验纲要》, 商务印书馆1925年版。

陈兼善、高卓:《教育之生物学的基础》, 商务印书馆1925年版。

王海初:《西洋教育小史》, 商务印书馆1926年版。

庄泽宣:《职业教育概论》, 商务印书馆1926年版。

喻谟烈:《乡村教育》, 商务印书馆1927年版。

孟宪承:《大学教育》, 商务印书馆1933年版。

吴俊升：《德育原理》，商务印书馆1935年版。

由上可知，学校管理法、社会教育、特殊教育、教育心理学、教育社会学、农村教育、中等教育、教育测验、教育生物学、外国教育史、职业教育、乡村教育、大学教育、德育原理14个学科，先后由商务印书馆出版的国人自撰教育学论著而确立起来。整体来看，以20世纪上半叶国人发表、编写或出版的教育学教材、著作或讲义为标志，先后形成了教育学、教授法、教育通论等在内的41个学科，由商务印书馆确定的最早学科形成时间的占34.15%。由此，商务印书馆出版的国人自撰教育学论著，基本比较全面地构建了中国教育学学科体系。

二、商务印书馆编写的教育学类大学丛书

曾任商务印书馆出版部部长的李泽漳说道："因为在光绪三十二年学部虽然颁布了学堂章程，但借以推行新教育的教科书并未编印。在科举初废时，教科书的编制实为创举，真是极困难的一件事。当时的出版业不避艰难，毅然负此重任，实属难能。其最早编印教科书以备采用者，当推商务印书馆。"[1]可见，商务印书馆在编辑和发行教科书方面，做出了巨大的贡献。商务印书馆最初出版中小学教科书，获得巨大成功。随着大学教育的迅速发展，商务印书馆开始进军大学教科书，于1932年复业后编辑出版《大学丛书》，并成立了由大学校长、教授、学者与商务印书馆新老编译骨干组成的，包括文学、地质学、数学、教育学等多个学科共55个人在内的《大学丛书》编辑委员会，其中朱经农、李建勋、何炳松、欧元怀等教育学家赫然在列。《大学丛书》分文理、工商、农林、医药、教育、政法、经管等几大类，基本涵盖了大学各院系开设课程所需教材。

具体来说，商务印书馆编写的教育学类大学丛书如表3-6所示：

---

[1] 李泽漳《三十五年来中国之出版业》，张静庐《中国现代出版史料》，中华书局，1959年，第385页。

表3-6　商务印书馆出版教育学类大学丛书一览表

书　名	作者/译者	出版时间
中学教学法之研究	〔美〕密利斯夫妇	1933年
科学教授法原理	〔美〕推士/王琎	1933年
教育与学校行政原理	杜佐周	1933年
普通教学法	〔美〕帕克/俞子夷	1933年
教育社会学	雷通群	1933年
明日之学校	〔美〕杜威/朱经农、潘梓年	1933年
民主主义与教育（全5册）	〔美〕杜威/邹恩润	1933年
教育测验	陈选善	1934年
心理与教育之统计法	〔美〕葛雷德/朱君毅	1934年
教育之基本原理	〔美〕桑代克、盖茨/宋佳煌	1934年
社会与教育	陶孟和	1934年
西洋教育通史	雷通群	1934年
小学各科新教学法之研究	钟鲁斋	1934年
现代西洋教育史（上、中、下）	姜琦	1935年
比较教育	钟鲁斋	1935年
教育原理（上、下）	〔美〕查浦曼、孔茨/赵演	1935年
教育哲学大纲	吴俊升	1935年
现代教育学说	〔美〕波特/孟宪承	1935年
教育心理学概论	〔美〕桑代克/陆志韦	1935年
学习之基本原理	〔美〕爱德华/钱希乃、祝其乐	1935年
教育之科学研究法	钟鲁斋	1935年
心理与教育测量	王书林	1935年
中学教学法原理	胡毅	1935年
小学各科心理学	〔美〕里德/水康明	1935年
小学行政概要	程其保、沈廪渊	1935年
训育论	李相勖	1935年
教育实验法	〔美〕麦柯/薛鸿志	1936年
课外活动	李相勖	1936年
中国教育史	陈青之	1936年

（续表）

书　名	作者/译者	出版时间
现代心理学与教育	〔美〕雷斯德/钟鲁斋	1937年
教育社会学原论（上、下）	〔美〕彼得斯/鲁继曾	1937年
教育统计学	王书林	1937年
中学训育心理学	〔美〕普林格尔/李相勖、徐君梅	1937年
中学各科教学法	钟鲁斋	1938年
教育研究法	〔美〕古德/李相勖、陈启肃	1939年
训育原理与实施	汪少伦	1943年
教育行政（上、下）	罗廷光	1943年、1945年
中等教育	袁伯樵	1949年

从表3-6来看，商务印书馆编辑出版的教育学类大学丛书，具有如下特点：

第一，中西教育学论著兼具，体现了教育学中国化的追求。商务印书馆出版的教育学类大学丛书，美国教育学论著17本，国人自撰教育学论著21本，国人自撰教育学论著略多于美国教育学论著。在此，教育学类大学丛书在一定程度上体现了我国出版家以及学者"为独立自主的中国文化教育体系所做出的努力"。可以说，中国大学发展初期，教材多数是洋文书，且脱离中国实践。陈季能在回忆自己的大学生活时也提道："第一年，我的政治学教授，每次带着一叠厚厚的洋文书来到教室，天南地北地讲，然而我只听他说美国的总统，英国的国会，我听到末一个钟点，我不曾听他讲一讲中国，连一个例子也不曾引过。"[①]华超在对大学教育用书进行梳理后指出，当时17种大学教育用书，仅有一种是国人自编，其余均为美国译本。[②]对于大学教科书"洋化"这一问题，大学教师也深有体会。任教于南开大学的何廉曾指出："那时候的社会科学的教学内容几乎完全是关于西方国家状况，特别

---

① 陈季能《三年的大学生活》，《华章》，1932年第1卷第15期。

② 华超《大学教育用书问题》，《教育杂志》，1926年第18卷第3号。

是美国状况的材料，很少涉及到中国的现实生活。"①鉴于此，推动大学教科书中国化势在必行。商务印书馆在出版教育学类大学丛书时，注重将国人自撰经典教育学论著融合其中，体现了教育学中国化的追求。

第二，教育统计学等教材，体现了教育学科学化的努力。受唯科学主义科学方法万能思想的影响，不少教育学研究者认为，教育学研究实际上就是教育科学研究，只有运用科学方法对教育问题所进行的研究才是教育学研究。钟鲁斋明确指出："教育科学研究，换句话说，就是科学的教育学，即是用科学方法去研究教育。"②舒新城也提出："教育学者，用科学的方法研究教育之目的与达此目的之方法也。"③甘豫源提出："今日时令所趋，教育学术受了科学的洗礼"，往后教育研究应"（1）打破个人之私见，求客观的标的。（2）废除散漫的观察，作严密的实验。（3）由等级的评判，进于单位的测量。（4）由定性的方法，进于定量的研究"。④这显然是把运用科学方法进行教育研究作为教育研究的根本趋势，把科学方法作为教育学研究的唯一方法。在此影响下，商务印书馆出版的教育学类大学丛书也十分注重教育统计学等教材，体现了中国教育学界注重运用科学的精神和方法研究教育，促进了教育学研究的专业化。

第三，教育学分支学科齐全，体现了教育学分支学科体系的构建。商务印书馆出版的教育学类大学丛书，涵盖了教育学下设的诸多分支学科。此外，教育学分支学科的选择，也与当时中国大学教育系科的培养目标相吻合。如北京大学教育系的培养目标为"本系设立之目的有三：1. 造就中等学校教师；2. 养成教育财政人才；3. 培育钻研教育学术之学者"⑤。中央大学教育学院的培养目标是"甲、培植教育研究人才；乙、养成师范学校及中学

---

① 何廉《何廉回忆录》，中国文史出版社，1988年，第51～52页。

② 钟鲁斋《教育科学研究与问案法》，《中华教育界》，1933年第21卷第11号。

③ 舒新城《心理原理实用教育学》，商务印书馆，1920年，第4～5页。

④ 甘豫源《论教育上之科学方法》，《教育杂志》，1927年第19卷第17号。

⑤ 北京大学《国立北京大学文学院课程一览》，北京大学图书馆藏，1932年，第30页。

师资；丙、养成教育行政人员"[①]。湖南大学教育系则根据1929年《大学组织法》"研究高深学问，养成专门人才"的规定，参考现实社会之需要，将培养目标定为"（1）实际担任学校行政及教育行政之人才；（2）在中等学校（包括师范学校）或其他教育机关实施教学之人才；（3）对于教育实际问题有独立研究之能力之人才"[②]。可见，商务印书馆出版的教育学类大学丛书因涉及教育学分支学科齐全，满足了当时各大学教育系科的需求。

总体来看，商务印书馆出版的教育学类大学丛书体现了教育学中国化、科学化以及完善教育学分支学科体系的追求。同时，教育学类大学丛书也因为是当时各大学教育学院知名教育学教授的科研成果，实现了教学和科研的相互促进。此外，这些著作，如陶孟和《社会与教育》、雷通群《西洋教育通史》、陈青之《中国教育史》也是相应学科的代表性著作，体现了大学教育学的科研水平。更为重要的是，这些教材满足了各大学教育系科学生学习的需求，而这些又通过教材内化于学生心中，起到了启发、示范和导向作用。教育学学子可以从其中受到启发和指导，成为教育学中国化、科学化的推动者以及新的教育学分支学科的拓荒者，从而继续推动中国教育学的发展。

三、《教育杂志》与中国教育学的本土化探索

朱元善提出，要"由模仿时代渐进，而为创作时代、完成时代，实为今日重要之急务。若永以模仿为满足，而不求进步，则教育前途尚有何所冀望乎"[③]。由此，商务印书馆出版的国人自撰的教育学论著，体现了对中国教育学的本土化探索。《教育杂志》所刊载的中国学者发表的相关论文，也体现了由模仿到创作的坚持和追求。如果以《张文襄公与教育之关系》（1909年第1卷第10号）中体现的对中国本土教育家的教育实践活动进行的总结和

---

① 《国立中央大学教育学院各系科课程标准》，《教育丛刊》，1933年第1期，第289页。

② 隐松《本校教育系课程标准草案》，《湖大季刊》，1936年第3期，第45页。

③ 朱元善《教育者研究态度之革新》，《教育杂志》，1918年第10卷第1号。

评价为中国本土教育学的探索的话,《教育杂志》自办刊之日,便注重对本土教育学进行探索和研究,此后更是在教育学中国化、教育学科学化、教育学独立性、教育学学科体系四个方面做出了贡献。

(一)《教育杂志》与教育学中国化

1934年,《教育杂志》主编何炳松在发刊词中明确提出,该杂志的重要使命之一,就是要在"介绍外国教育文化的理论和实际"的同时,"创造独立的教育理论和方法","自出心裁地去创造一种适合国情的新理论和方法",该杂志特有的使命"就是纯粹教育理论和教学方法的探讨"。[1]由此,《教育杂志》针对外来教育学不能很好地解决中国教育实际这一问题,开始以一种现实主义的态度探索适合教育学的发展道路。诚如当时有的学者所指出的那样:"现在中国教育界还有一些的觉悟,觉悟的是:中国的教育必须是中国的,必须是中国教育者自己研究出来的,深闭固拒固然是不可能的,东抄西袭也是徒劳而无功。所以现在国内研究教育的人,尤其是在欧美日本习过教育的留学生,他们研究教育的工作渐渐踏实了,他们高瞻远瞩的眼光也渐渐回顾到本国民族性的优点和劣点,以及本国社会一般民众的实况和需要了。"[2]

在这里,《教育杂志》刊发了中国学者适合中国的教育理论和方法。张德琇指出:"中国历代之教育制度,多事模仿,初仿日本,继仿美国,现又有模仿欧美之趋向。此种情形固然不应完全加以攻击,但徒事形式上之模仿,而忽视本国国情之适应,因此几十年来的教育改造几无效果可言。"鉴于此,张德琇明确指出,中国教育改造必须顺应中国社会的需要和尊重儿童的个性。[3]姜琦则主要思考了中国教育哲学的问题,他就辩证法在中国教育哲学和中国社会的应用,指出"辩证法若是应用于我国中国社会问题之上,

① 何炳松《本杂志的使命》,《教育杂志》,1934年第24卷第1号。
② 刘天予《我们应当自反的一个重要问题》,《现代教育》,1929年第1期。
③ 张德琇《如何使中国教育适应中国社会》,《教育杂志》,1936年第26卷第9号。

那么我们必须随时随地照顾到中国本身的历史过程中的各个特殊性"①。

(二)《教育杂志》与教育学科学化

自李石岑于1922年第14卷起接任《教育杂志》主编后,提出了"提高教育学术之程度,扩大教育学术之范围"和致力于"教育科学化"的办刊宗旨。事实上,在李石岑确立"教育科学化"的办刊宗旨前,幻龙在《教育学之研究法》一文中便指出:"教育学亦一种之科学。"因此,研究教育学,必须要知道教育学研究法。根据教育学研究,第一步需要明确和搜集教育事实,第二步是明确其他科学研究或取他人的经验为自己经验。幻龙指出,在第一期基本的研究中,必须知晓普通教育学、教育史以及论理学;在第二期基本的研究中,则需要知道普通教育学、教授法、教育史、论理学、伦理学、心理学;在第三期教育目的的研究中,要知晓伦理学、社会学、教育学;在第四期教育方法的研究中,要明确教育行政、学校管理法、学校卫生学、心理学、教授法、训练法;在第五期的统括的研究中,要学习实验教育学等。该文并没有明确指出教育学的研究方法是什么,如何推动教育科学化研究,但是通过列举相关书籍,使研究者可以明确,教育学研究需要依托和借鉴心理学方法、统计学方法等作为自己的方法依据。②

此后,随着教育科学化运动的发展,研究者对教育科学化逐步形成明确认识,认为教育学研究已经应用了科学方法,而且这是教育学取得认可和独立地位的途径之一。夏承枫在《教育学术科学化与教育者》中指出,近代教育学术,已经富有科学精神,普遍的应用科学方法。在教育过程中,注重测验工作、统计方法、课程标准拟定、学习方法研究等。当前,教育学术要想赢得外界认可,仍需要注重"努力增进科学的精神","慎用科学方法","促成师资专业训练",而最后一点是教育学术科学化的根本办法。③陈选善则专门对教育研究中实验法的概念与应注意的要点进行了阐释。他

---

① 姜琦《再论中国教育哲学之方向》,《教育杂志》,1937年第27卷第5号。

② 《教育杂志特别启事》,《教育杂志》,1926年第18卷第1号。

③ 夏承枫《教育学术科学化与教育者》,《教育杂志》,1926年第18卷第2号。

指出, 实验法是"要在控制的情境之下, 研求主动因子(或称实验因子)的某种变易对于被动因子所发生的影响"[1]。总体来看,《教育杂志》对教育学科学化的理论探讨较少, 也并没有详细介绍教育科学研究的方法, 但是涉及前述实验设计教学法、道尔顿制等文章, 体现了对教育科学化实践的探索。

(三)《教育杂志》与教育学独立性

1. 教育学是不是独立学科?

赵廷为、张德琇等人在《教育杂志》刊发的文章中指出, 教育学是一种值得研究的学问。如张德琇在对教育学的形成和演进, 教育学目标的哲学与社会学基础, 教育学与教育心理学以及测验运动、课程研究运动等进行梳理后指出, 教育学迈入了一个全新阶段, 在质和量方面都迅速发展。因测验、统计等科学方法的应用, 使得教育学在科学化、社会化、合理化等方面也有显著进步, 教育学的进步的前途"是未可限量的"。在此, 张德琇虽然没有明确思考教育学是否为独立学科, 但是从其坚信教育学的发展前途一片光明来看, 实则认可教育学的"新阶段"是教育学是一门独立学科且教育学学科地位会不断巩固。[2]虽然研究者认为教育学术研究很重要, 但仍然感叹"教育的学术在各种学术之中, 更居于不利的地位。不要说是一般社会人士, 即说学术界的同仁们, 也常常对教育学术轻视、怀疑及误会"[3]。有些教育学者陷入苦闷,"教育行政当局也不重视教育研究, 各种学术基金集中在自然科学与工程, 甚至不愿意派遣研究教育的留学生"[4]。基于教育学学科不被重视, 且学科独立性不被认可的事实, 夏承枫在《教育学术科学化与教育者》一文中, 对阻碍教育学成为一门独立学术的原因进行了剖析, 他认为,"开办学校至今, 国人大体能了解教育事业是社会上一种独立的正

---

[1] 陈选善《应用教育实验法要注意的几点》,《教育杂志》, 1939年第29卷第11号。

[2] 张德琇《近代教育学的新趋势》,《教育杂志》, 1937年第27卷第9~10号。

[3] 赵廷为《教育学术研究的重要性》,《教育杂志》, 1948年第33卷第4号。

[4] 陈友松《五十年来美国之教育科学运动的贡献》,《教育杂志》, 1940年第30卷第9号。

当的职业",但是"不敢说一般人已经了解教育学术是一种独立学术",原因就在于以下三点:第一,"教育学术发展最晚,尚在幼稚时期,还不能致用于社会"。第二,"社会制度未入常轨,教育界善门广开,皈依者众,于是大学中学甚至小学毕业生以及农工医法等专门学者之充任中小学教师者多。师范学术遭此侵占,更难见诸实施"。第三,"教育学术自身未能祛除魔鬼。乡愿式的教育家,与夫形而上的教育学说,势力仍盛"。[①]

此外,《教育杂志》刊载的文章还就教育学何以成为独立学科进行了研究,如天民《教育学之性质》一文便涉及这一主题。天民指出,教育学研究在"今日欧美文明诸国亦尚在混沌之天,故教育学究为如何之学问,今犹无定论"。同时,德国、美国等国不同教育学讲义的内容、结构等均有差异。此外,该文还分析了柏拉图《理想国》、夸美纽斯《大教学论》等著作,指出夸美纽斯《大教学论》是系统论述教育学的著作,且与今日教育学结构、内容相同。此外,文章还指出,教育学要建立,要成为一门独立学科,需要从两方面努力,第一是"当求对象之所在"和研究范围所在,且"要之以学校教育为研究之对象而发见其全部之统一的原理,即教育学之任务也"。第二是"非唯以一定之对象为必要,且必对于其对象有独自之见地,而发见独立之原理焉"。因此,天民强调了教育学研究成立且教育学成为一门独立学科,必须要有独特的研究对象,且对研究对象和范围有独特见地。[②]

2. 教育学独立性与学科基础

不仅如此,教育学独立性并不是说确定独立的研究对象和研究即可,而是必须以相关的,比它更带基础性质的学科为其理论基础,故而《教育杂志》还就教育学的学科基础进行了研究。志厚、蒋梦麟等从教育学、教育的不同方面和教育的两大规律入手,认为教育学与其他学科关系密切,从而指出研究教育学必须密切关注其他学科,其他学科可以作为教育学研究的学科基础。其中,志厚在《教育学与各科学之关系》一文中指出:"昔之教育

---

① 夏承枫《教育学术科学化与教育者》,《教育杂志》,1926年第18卷第2号。
② 天民《教育学之性质》,《教育杂志》,1918年第10卷第2号。

学说多谓教育目的, 当由伦理学方面以解决之。教育方法当由心理方面以解决之, 从其说, 则是与教育学有关系之科学, 仅以广义之哲学为限。"此外, 该文还谈及了教育学与医学、神学、宗教哲学、美学、政治学的关系, 明确了与教育学说有关系的科学范围日益扩大, "治教育学者, 皆不可不研究及之"。[1]蒋梦麟在《高等学术为教育之基础》中指出: 教育 (学) 是"全生之科学、利群之科学、复杂之科学", 且"教育学不能离他科学而独立"。基于此, 蒋梦麟根据教育与社会、教育与人这两大规律, 列举了教育学的学科基础, 如下所示:

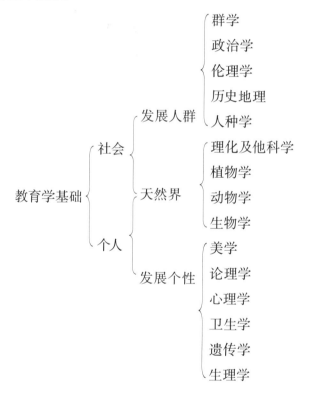

由此, 蒋梦麟将教育促进社会和个人发展分为发展人群、天然界以及发展个性三大块, 据三大块又思考了教育学的学科基础, 认为教育学必须与社会学、政治学、历史学、人种学、生物学、动物学、美学、论理学、心理

---

[1] 志厚《教育学与各科学之关系》,《教育杂志》, 1914年第6卷第12号。

学、卫生学、生理学等学科"博通"，才可以进行研究。[①]李石岑同样认为，"教育学亦随他种科学之进步而发达"，因此，从心理学、社会学、生物学乃至医学角度研究教育学的不乏其人。[②]

贾丰臻、志厚、太玄、余家菊等则主要从哲学、社会学、生物学等某一学科与教育学的关系入手，思考了教育学与其他学科的关系。其中，贾丰臻和志厚均思考了教育（学）与哲学的关系。贾丰臻在《哲学与教育》一文中高度肯定了哲学的价值及其普适性，指出"哲学者，研究万有之学也"。鉴于此，"教育上之一线曙光，实赖乎此"。但是颇为可惜和遗憾的是，"教育者大都置若罔闻而屏之于教育以外也"。经列举古今中外大教育家、教育学家均有哲学作为根底，贾丰臻明确指出，为了更好地促进教育、教育学发展，必须重视哲学。[③]志厚在《近世教育与哲学之关系》中开篇便指出："从事实际教育者，多疑哲学之于教育毫无关系，即不然以为关系甚浅。"事实上，"不有哲学之根本思想，无足以建设教育"。因此，志厚认为教育与哲学关系密切，教育学研究人的身心发展规律，亦需要以哲学为根底。[④]太玄在《教育学与社会学》一文中，明确了教育学与心理学、伦理学、社会学"三者最相密"，并基于"教育问题必以社会学理为基础而解决之"，专门对社会学的概念、社会经营等进行了阐释。[⑤]厚生从教育的社会学基础入手，阐释了教育与人、教育与社会两大规律。[⑥]余家菊则从生物学出发，思考了这一学科与教育学的关系，他指出："生物学研究者、遗传、变异、天择诸现象。此等研究，无一不与教育有关。"故而，"生物学说与教育学说可谓为桴鼓相应"，教育学说理应重视生物学。[⑦]

毫无疑问，在教育学科中引入哲学、社会学、心理学等其他学科基础

---

① 蒋梦麟《高等学术为教育之基础》，《教育杂志》，1918年第10卷第1号。

② 李石岑《教育哲学》，《教育杂志》，1922年第14卷第3号。

③ 贾丰臻《哲学与教育》，《教育杂志》，1915年第7卷第12号。

④ 志厚《近世教育与哲学之关系》，《教育杂志》，1916年第8卷第3号。

⑤ 太玄《教育学与社会学》，《教育杂志》，1917年第9卷第1号。

⑥ 厚生《教育的社会学之基础原理》，《教育杂志》，1921年第13卷第7号。

⑦ 余家菊《生物学与教育之关系》，《教育杂志》，1924年第16卷第11号。

时，势必出现一个问题，那就是教育学是否是其他学科的附庸。姜琦在《教育可能成为一种独立研究之科学》一文中思考了这一问题，他指出："认定伦理学、心理学和社会学等等与教育学有什么密切关系，并非说教育学乃是伦理学、心理学和社会学等之附庸"，"无论伦理学、心理学、社会学和教育学，这种种科学，都有它自身的基础存在着，并不能够允许彼此之间互相侵犯的；不过在彼此之关系上看来，这种种科学，应该互相联系或互相借助的"。因此，"教育学并非是其他种种科学尤其与伦理学、心理学和社会学等之凑合，更非是仅仅应用伦理学和社会学上的既成观念来说明教育的现象而降低到'应用伦理学''应用心理学''应用社会学'之列"，教育学"有它自身的一种独特的任务"，但它也应"常时借助于其他种种科学所获得的种种知识来说明与教育活动有密切关系之种种事项，如教育的本质、意义、目的、方法和价值等等，如同其他种种科学彼此之间互相联系或互相借助一般"。[①]可见，在姜琦看来，教育学与伦理学、社会学、心理学等学科具有密切关系，教育学应该"借助"这些学科，但这种"借助"必须充分考虑教育学自身的"独特任务"，不能把教育学降低为这些学科的应用学科，甚至成为这些学科的"附庸"。

（四）《教育杂志》与教育学学科体系构建

《教育杂志》中刊发的相关文章，涉及教学法、学校管理、成人教育、职业教育、中国教育史、家庭教育、教育哲学、教育统计学、教育社会学等分支学科体系的构建。

就教学法来看，邢定云在《教学法之新研究》中，对旧教授法的弊端，如何建设新教学法，教学法关涉的教学材料、教学形式等进行了研究。此外，《教育杂志》还较多地刊载了各科教学法和各类教学法，俞子夷、盛朗西、常道直、吴研因、黄兢白、徐映川、王芝九等发表了《小学历史地理教学法》《小学历史教学商榷》《小学地理教学法》《小学自然教学法》《小学园

---

① 姜琦《教育可能成为一种独立研究之科学》，《教育杂志》，1948年第33卷第5号。

艺教学法》《小学艺术科教学法》《小学音乐教学法》《新学制小学校体育科教学法》《小学体育教学法》《小学外语教学法举隅》等文,分别就小学各科教学法进行了研究。此外,何炳松专门研究了历史教授法,明确了历史是什么、历史教授法是什么等几个基本问题。[1]赵演则对问答教学法进行了研究,对问答教学法的好处、教师如何应用问答法等进行了介绍。[2]

就学校管理来看,郭秉文的《学校管理法》对学校管理法的含义、学校管理的原理、学校管理的体制三个问题进行了阐释。他指出,学校管理法有广义、狭义之分。广义的学校管理法涵盖范围较大,包括学校设置、编制、设备、教授以及学校的经济卫生课程统治等。狭义的学习管理仅"限制于学校统治之一端,专注意于管理学生而以培养道德为要旨者也"。在学校管理的原理一部分,郭秉文指出,学校管理并非"学校管理者所得武断而擅定者",有管理原理。在学校管理的体制中,郭秉文同样认为有三类,即教师独断于上而学生服从于下,教师以身作则而学生以礼自守,教师与学生分任其应尽职务。就其利弊来看,前一种弊大于利,第二种利弊参半,第三种则是利大于弊。[3]此后,郭秉文的《学校管理法》于1916年由商务印书馆出版,分原理、体制、训练法、激励法、感化力五章,在体系、结构上更为完整,进一步充实了《教育杂志》中《学校管理法》一文的内容。

就家庭教育来看,陈碧云《家庭教育之理论与实际》、章绳以《家庭教育之研究》、赵廷为《家庭教育漫谈》、沈光烈《家庭教育现状与儿童教养问题》等文章,对家庭教育的重要性、如何教养儿童等问题进行了研究。就家庭教育的重要性这一问题,沈光烈指出,家庭教育是一切教育的基础,且使得儿童获得实际生活的基本技能等。陈碧云认为,家庭教育有助于儿童生理和心理的发展。章绳以指出,家庭教育有利于儿童智识得到充分发挥、德行得到良好发展以及习惯和体格等得到健全。就家庭教育的范围和学校教育的区别来看,章绳以指出,家庭教育与学校教育的区别在于,家庭

---

[1] 何炳松《历史教授法》,《教育杂志》,1925年第17卷第3号。

[2] 赵演《问答教学法》,《教育杂志》,1926年第18卷第9号。

[3] 郭秉文《学校管理法》,《教育杂志》,1915年第7卷第1号。

是天然教育儿童的场所且富有天然感情，学校是特设机关，教育方式复杂且较为理智。就家庭教育如何实施，沈光烈认为，首先必须树立正确的儿童观，明了儿童的生理和心理状态以及儿童不是"小大人"等。陈碧云从家庭教育者的角度入手，认为在家庭教育实施中，家庭教育者必须具备相应的素养，一定要摒弃宗法的传统习惯，养成良好的习惯和行为，研究儿童教育的必需知识。在实施过程中则要注重发展儿童好动与游戏的本能、模仿的本能、好奇的本能、好群的本能，还要注重养成其健壮的身体、劳动的精神、独立的精神以及试验创造的精神。

就社会教育来看，侯鸿鉴对社会教育实施的途径、社会教育与学校教育的关系进行了研究。在《说社会教育》一文中，侯鸿鉴指出："不知社会教育之如何入手，如何实施，则方针未定、秩序徒紊、计划未周、设施罔效。"鉴于此，侯鸿鉴对社会教育实施途径进行了整理。[1]由此文，侯鸿鉴明确了社会教育的实施范围及途径，进一步明确了社会教育并非只是针对失学者、不识字者，而是全体社会成员均囊括其中，仅是侧重点和实施途径等有所差异。侯鸿鉴在《说社会教育与学校教育联络之改进》一文中，主要梳理了社会教育的起源、近况、规划以及与学校教育的关系。文章最后指出，社会教育与学校教育相提并进，二者并重且不可偏废。[2]此外，陈礼江分析了社会教育的理论基础，有社会、心理、哲学基础。[3]在此，陈礼江明确了社会教育的含义，认为社会教育具有跨学科基础，并对个人和社会发展具有重要价值。

就职业教育来看，蔡元培分析了职业教育是什么以及职业教育与普通教育的关系。他指出："职业教育好像一所房屋，内分教室、寝室等，有各别的用处；普通教育则像一所房屋的地基，有了地基，便可把楼台亭阁等建筑起来。故职业教育所注重的，是专门的技能或知识，有时研究到极精微处，也许有和日常生活绝不相干的情形。"[4]潘文安对职业教育的目的、职业教

---

[1] 侯鸿鉴《说社会教育》，《教育杂志》，1914年第6卷第5号。

[2] 侯鸿鉴《说社会教育与学校教育联络之改进》，《教育杂志》，1914年第6卷第10号。

[3] 陈礼江《社会教育的理论基础发凡》，《教育杂志》，1948年第33卷第10～11号。

[4] 蔡元培《普通教育和职业教育》，《教育杂志》，1921年第13卷第1号。

育的意义、我国职业教育的演进、职业教育与我国新学制、职业教育的分类及其机关、职业教育的设施等进行了研究。他指出，职业教育的目的在于为个人谋生以及服务社会、为世界和国家增进生产力做准备，且致力于"使无业者有业，使有业者乐业"。邹恩润则主要对职业心理学与职业指导这一主题进行了阐释，指出职业心理学是实业心理学的一个重要部分，职业指导的最终目的是协助青年比较选择，并不是替青年确定一种唯一的职业，且功用是相对的，不是绝对的。[①]

就成人教育学来看，《教育杂志》刊载的相关文章，对成人教育的历史、含义、特点、分类等基本问题进行了研究。其中，常道直就成人教育的起源、意义及其可能性、根本原理进行了分析和阐释。在成人教育的起源中，文章提到了欧美的成人教育设施和成人教育运动等，认为成人教育是世界各国的共同问题。在成人教育之所以可能中，常道直分别从欧美成人教育的成功案例和教育的概念入手，认为教育必须终身无止，被教育者不能仅限于学校学生，而应扩展到成人。[②]郑一华对成人教育的基础概念进行了剖析[③]，并在同期刊发的《成人教育与社会科学》一文中，对成人教育这一名称包含的意义进一步进行了分析，指出成人教育"一是补习式的教育，一是改正式的教育，一是适应式的教育，一是民众学校或民众高等学校"。同时，该文阐释了成人教育与社会科学相交之处有三，"一是它的哲学方面，或者说得更仔细一点，是它的动机、目标和宗旨上面。第二是在它的内容方面，是它的教材和现行文化模型之关系。第三是在方法方面，即教授和心理的基础"。[④]王书林的文章主要分析了成人教育的意义、成人教育与其他教育的关系、成人教育的目标及其种类。就成人教育的目标来看，王书林认为，我国成人教育首先要补救成年不识字国民，这是中国目前成人教育最大的对象，其次要补救学龄期失学儿童，这是最近将来中国成人教育的最大

---

① 邹恩润《职业心理学与职业指导》，《教育杂志》，1925年第17卷第1号。

② 常道直《成人教育论》，《教育杂志》，1922年第14卷第8号。

③ 郑一华《成人教育的几个基础观念》，《教育杂志》，1931年第23卷第8号。

④ 郑一华《成人教育与社会科学》，《教育杂志》，1931年第23卷第8号。

对象，最后要教育初中等国民，使其与时俱进，这是中国成人教育的永远对象。就成人教育的分类，王书林根据受过教育与否和教育目的等，认为成人教育可以分为成人补习教育和国民识字训练，前者又分为文字和职业的补习教育。[①]

就教育哲学来看，余中在《何谓教育哲学》一文中，开篇便指出教育哲学可以成为一门科学，认为"教育哲学以教育科学为基础而构成之，则基础之教育科学终视教育哲学而益为确实矣"。同时，教育哲学与教育科学研究范围不同，教育哲学更为注重将教育基本问题上升到哲学高度去分析，是一门理论科学，教育哲学属于一种应用哲学，其研究成果有助于解明教育之根本概念。[②]李石岑同样对教育哲学的学科性质进行了思考，与余中的观点有一致之处。他指出："教育哲学，实为一种应用哲学，亦可名应用哲学之一种。夫既以应用哲学名，则与纯正哲学有别；虽立于科学范围之外，而绝对不排斥科学，且引而致之深化。"同时，教育哲学的作用在于"阐明文化之本质并树立文化之理想"。教育哲学还与教育学"相谋"，具体体现为"教育学为部分的表面，教育哲学则为全体的根底，教育学在谋教育之广化，教育哲学在谋教育之深化。教育学以方法论为广化之工具，教育哲学以目的论为深化之工具"。[③]姜琦研究了教育哲学中教育的本质这一问题，指出"教育即社会生产力"。同时，他还思考了中国教育哲学研究方法以及研究体系等问题。[④]叶青在《中国教育哲学概论》中界定了教育哲学"便以综合地研究教育底根本问题为事了。所谓根本问题，就是教育底本体和根源、生成和进化教育、教育底本质和可能等问题，亦可包括在内。这与教育科学之分析地研究各种具体问题不同"[⑤]。阮雁鸣就教育哲学的依据和教育哲学的特质进行了研究，阐释了教育哲学之所以以玄学或以人生理想或社会哲

---

① 王书林《成人教育之意义及实施时各种问题》，《教育杂志》，1931年第23卷第8号。

② 余中《何谓教育哲学》，《教育杂志》，1919年第11卷第1号。

③ 李石岑《教育哲学》，《教育杂志》，1922年第14卷第3号。

④ 姜琦《教育即社会生产力论》，《教育杂志》，1935年第25卷第1号。

⑤ 叶青《中国教育哲学概论》，《教育杂志》，1935年第27卷第1号。

学为依据的原因。同时,作者在文章最后指出了教育哲学具有三点特质。[1]

就教育社会学来看,张安国的《教育社会学的思潮》一文,对教育社会学学科缘起、教育学者和社会学者对教育社会学的见解以及教育社会学的主要文献进行了阐释。[2]庄泽宣在《教育之社会的基础》一文中指出,教育社会学研究还属于草创时代,其在研究教育社会学时,主要从自然环境与教育、民族性与教育、社会组织与教育以及经济力与教育四个方面展开。[3]

就中国教育史来看,胡适和陈龙章对中国教育史研究的基本问题进行了探讨。胡适在《胡适与陈世棻书——论中国教育史》中涉及研究中国教育史的三个问题,即研究对象、史料来源及分期问题。[4]陈龙章撰文思考了中国教育史的分期问题。该文首先总结了近二十年来中国教育史分期主要有三个派别,在此基础上,他对各种分期法进行了评价,指出朝代分期法易肢解完整的教育精神,历史三分法易引起纷争,三者都是先有了一套分期法,再把中国教育史实嵌上去,中国教育史应按照新旧制度的更替进行划分。[5]此外,陈东原、郑鹤声、陈登璈等人对张之洞的教育思想和教育事业、颜元的教育学说、东汉养士教育等内容进行了研究,舒新城则对中国幼稚教育史进行了研究,以此充实了中国教育史的研究内容及分支学科体系的构建。

就教育心理学来看,慈心详细介绍了美国教育心理学的发展动态,对其一般知能的调查、学校作业的调查如何实施等进行了相应的说明。[6]陈礼江对教育心理学的界定、发展史、学习说以及桑代克学习律、学科心理的兴起、异常儿童、成人学习心理等进行了研究。[7]钟鲁斋对教育心理学的发展史及其发展趋势进行了研究。在教育心理学史略部分,对教育心理学的发展历程、桑代克等教育心理学家及其代表性著述进行了介绍。在教育心理

---

① 阮雁鸣《教育哲学之依据》,《教育杂志》,1948年第33卷第10号。

② 张安国《教育社会学的思潮》,《教育杂志》,1930年第22卷第1号。

③ 庄泽宣《教育之社会的基础》,《教育杂志》,1936年第28卷第7号。

④ 胡适《胡适与陈世棻书——论中国教育史》,《教育杂志》,1924年第16卷第12号。

⑤ 陈龙章《中国教育史分期议》,《教育杂志》,1948年第33卷第5号。

⑥ 慈心《教育心理学之最近倾向》,《教育杂志》,1921年第13卷第3号。

⑦ 陈礼江《教育心理学的最近发展》,《教育杂志》,1932年第24卷第3号。

学研究范围的扩展部分，指出教育心理学由普通教育心理扩展到了各科心理、由本性的研究趋重到学习的研究、由儿童的学习再到成人的学习、由通常的问题到特殊的问题。在教育心理学研究方法的改进部分，钟鲁斋列举了内省法、问案法、实验法、发生法、测量法、统计法、观察法、精神分析法等教育心理学方法。在最近教育心理学的趋势部分，文章指出，教育心理学是应用心理学的一种，教育心理学范围不断拓展，且自然科学的方法不断被教育心理学吸收。可以说，钟鲁斋对教育心理学的研究，有助于明确教育心理学学科发展史以及该学科的研究对象、研究方法、学科性质等基础问题。[1]

就教育统计学来看，隐青的《教育的统计学》首先对教育统计学的重要价值进行了阐释。他指出，"美国教育所以能如此发达者，实因其立国精神首重教育，而其全国之教育家，尤颇注重统计"。基于此，"吾人谋教育之发达，不可不先通晓统计之意义及方法"。之后，文章进一步对统计的含义以及不同的教育统计图表进行了分析，且列举了统计学在学习管理、教育实验和教育调查中的应用。[2]

此外，《教育杂志》还刊载了特殊教育的文章，主要体现为对天才教育的探讨和研究，如赵演对何谓天才、天才儿童的特征、天才心理的实验研究进行了梳理。该文指出，"天才儿童心理过分发展，身体缺陷是必然的"，"天才儿童只是单方面发展，尤其是偏于理智的"，"天才儿童是有神经病的"等均是有谬误的，实际为天才儿童康健心理的发展是和康健身体相伴随，天才儿童的兴趣是多方面且他们不一定是精神病。[3]在对天才心理进行研究后，赵演又讨论了天才教育的流变、天才心理的原理、理想的天才教育方法等。[4]

① 钟鲁斋《近代教育心理学的进展及其趋势》，《教育杂志》，1934年第26卷第2号。

② 隐青《教育的统计学》，《教育杂志》，1919年第11卷第11号。

③ 赵演《天才心理》，《教育杂志》，1926年第18卷第7～8号。

④ 赵演《天才教育》，《教育杂志》，1926年第18卷第10号。

第四章　商务印书馆的近代教育实践和实验

商务印书馆是一个"大教育机关",原因就在于,除了出版大量教科书,以及编著中外教育学类图书外,还开办了养真幼稚园、尚公学校、函授学校、商业补习学校、夜校等。商务印书馆的教育实践和教育实验得益于其出版者匡扶教育的出版理念,也与教育出版、中国教育学发展相得益彰。可以说,商务印书馆的教育出版以及对中国教育学发展的推进,推动了教育实践和实验。其教育实践和教育实验融合了杜威的教育思想、道尔顿制、设计教学法等,突出地考虑了就学者的兴趣、地位以及生活能力的培养和培育。而养真幼稚园、尚公学校、函授学校等教育实践和教育实验,进一步推动了教育出版和中国教育学发展,其间的教师、校长都在亲身教学实践中反复进行教育教学总结,并在此基础上形成一系列教育、教育学著作。商务印书馆的教育实践和教育实验在当时也引发了轰动效应,各地中小学竞相参观尚公学校等,借鉴其办学经验和模式。因此,正如陈原先生所言:"出版社办教育机关,而不是教育机关办出版社! 这是本世纪初商务印书馆的奇景。"①

一、养真幼稚园的创办与教育改革实验

养真幼稚园最初于1909年由美女士、卜小姐以私资倡办于美华书馆,而后夏瑞芳等集资,将其推广至海宁路,此时美女士、秀小姐延聘张廷荣夫

---

① 陈原《商务印书馆创业百年随想》,《商务印书馆一百年(1897—1997)》,商务印书馆,1998年,第284页。

人担任保姆。不久之后，校址迁往宝兴西里，夏瑞芳任命鲍仲言先生筹款维持幼稚园的正常运转，此时由华静贞女士担任保姆。1913年，华女士东游留学后，梁女士担任保姆，此时养真幼稚园正式命名且由商务印书馆津贴经费。1925年4月，商务印书馆总务处将养真幼稚园并入尚公学校，且在修购宝山路后专拨房屋及园地，供其使用，此后养真幼稚园逐步正规并不断发展。限于资料有限，此处主要介绍1926年养真幼稚园的办学情况。

（一）儿童来源及年龄分布

养真幼稚园的儿童来源及其年龄分布如下表所示：

表4-1　1926年养真幼稚园儿童情况表

年龄与人数		籍贯与人数		保护人职业	
4岁	15	本省	22	商	1
5岁	18	外省	58	工	2
6岁	28			学	3
7岁	19				

由此可知，养真幼稚园儿童主要为4～7岁的学龄前儿童，且主要为6岁儿童。同时，养真幼稚园儿童有本省的，也有外省的，这也说明幼稚园并不只是面向本馆、本地办学，而是具有一定的开放性。此外，儿童的家庭背景有商、工、学、医、政等，幼稚园在主要招收本馆职工子女的同时，也面向社会招生，更加凸显了其办学的开放性。

图4-1　养真幼稚园儿童在游戏

资料来源：中国人民政治协商会议上海市闸北区委员会、闸北区苏河湾建设推进办公室编《百年苏河湾》，东方出版中心，2011年，第127页。

（二）所开课程

养真幼稚园根据初开学和入园后的不同，将课程分为初开学活动课程和读书识字、故事、常识、作业、运动游戏、音乐、卫生习惯等课程。

1. 初开学的活动

养真幼稚园初开学活动的课程如表4-2所示：

表4-2　养真幼稚园初开学活动课程表

题　目	教　材	教学注意点	教学方法
认室名	门牌或室名	集会时守秩序	巡视全校一次
管理物件	衣帽、书包、鞋子等	认识挂衣钩上的名字，放鞋的位置等	领儿童去认识姓名，用名字片使儿童认识名字，用游戏练习几回
辨别记号	钢琴声、铃声（上课用）、叫笛（召集用）	听了记号就照做，辨别各种记号	试用练习和游戏练习
认识教职员	先生、校长、同学、校医、校工姓名	喊人要有礼貌，和人说话要先行礼，介绍的方法，对待校工也要客气	猜谜法教，各个儿童都介绍一回
明白各室的应用	教师办公室、教室、盥洗处、储物室、厕所、门房	各室的用途，登厕的方法和卫生，盥洗的方法，门房的效用	巡视全校一次，报告登厕经验，报告洗手方法，用水用纸不能浪费
避灾练习	记号、注意点（大让小，男让女）、救火器、救火人、救火故事及图画	火的利害，救火人的职务，救火的方法，太平门之效用，避救火车，听到记号立即逃避，要守秩序	救火表演，研究火柴、火油、汽油等各种引火物，参观救火会，每月举行一次避灾练习
保管用品	园艺用具、玩具、工艺用具、游戏器具、清洁用具	物归原处，爱护公物，注意卫生，工具使用法	器具使用法范作，指示储藏的地点
报时研究	鸡鸣、辨太阳的位置、钟、表	守时刻，辨别早晚，认识钟上的长短针，上课准时到校，散学准时回家，三餐准时开，认识钟上12个字	用硬纸做钟面练习，做辨方位的游戏，书小钟，积木搭钟楼，看树影辨时间，唱钟歌，讲发明钟的故事
认日历	幼稚园日历，风雨阴晴的记号，月日的记法，一星期的歌	认日历上的数字，纪念日讲故事，立一生日表，比较观察各种日历	每天课前记日期一次，学生生日做一个礼节，星期日的消遣法，斋读日期一次
谨慎小心	用剪刀的方法，浪船上下的方法，玩滑梯的方法，玩脚踏车的方法，玩沙盘，在边路上走防被汽车撞倒	急救法，各种玩法	讲谨慎故事，示范，参观，分掌监护职务
日常功课	早操办法，唱国旗歌，唱朝会歌、放学歌，查清洁，排队秩序，休息地点	注意敏捷，注意姿势，注意轻和静	参观医生作业，排队练习，好学生的指示

如上所述, 养真幼稚园初开学课程门类齐全, 涉及识物、认识时间、礼貌和习惯养成、避灾练习、交通规则、爱护公物等多个方面。教学方法则是教师讲授、学生参观和练习两种方式并行, 帮助儿童在教师的教和自己的学中掌握基本知识。

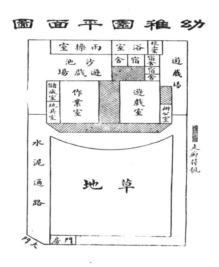

图4-2 养真幼稚园教室正面图

图片来源: 沈百英《商务印书馆附设尚公学校养真幼稚园概况》, 商务印书馆, 1926年。

2. 读书识字等课程

养真幼稚园还开设了读书识字、随机认识的字、故事、常识、作业活动、运动游戏、音乐、卫生习惯、谨慎小心条例九方面的课程。针对儿童的年龄特点，选取了相应的教材和教法，如读书识字课程分为用声音分辨兽类和鸟类的叫声等几种。其中，用声音分辨兽类的叫声的教材选取了狗、猫、羊、牛、老鼠、老虎，教法为"揭出一字用声音不说字音，揭出一字表演后随即读字音，一人表演余人读字音"。用声音分辨鸟类的叫声的教材选择了鸡、鸭、鹅三类，教法同样为"揭出一字用声音不说字音，揭出一字表演后随即读字音，一人表演余人读字音"。此外，养真幼稚园的常识课程，还应用了各种卡片。作业活动则包含恩物、沙箱等科目，恩物中有积木、玩具、玩偶、小家具等，沙箱有大小沙盘和露天沙池等。美术则借用了蜡笔、铅笔等用具来涂色或绘画。

总体来看，养真幼稚园注重从儿童本身出发，充分关注儿童的心理和身体，指出："幼稚园以音乐陶冶性情，以游戏锻炼身体，以恩物和工作训练儿童的五官百体；读书识字，不应该加到幼稚园功课中去，可是在中国现社会中，文字记号非常复杂，幼稚园中不能不加些识字读书的课程，使他们发生一些读书的兴趣。识字读书虽是机械而沉闷的功课，我们可用游戏的方法教，用音乐的方法唱，使他们不觉得在识字读书，只知在唱歌在游戏。"[1]可见，养真幼稚园在办学中十分注重儿童的兴趣，且将福禄贝尔、蒙台梭利等幼儿教育思想和实践融入其中，体现了养真幼稚园先进的教育思想和办园理念，使儿童在寓教于乐的游戏、音乐以及动手操作中，天性和能力得到了充分发展。

二、尚公学校的创办与教育实验

1905年，长达千余年的科举制度被废除，新式学堂相继创办，商务印

---

[1] 沈百英《商务印书馆附设尚公学校养真幼稚园概况》，商务印书馆，1926年，第6页。

书馆出版的《最新教科书》被新式学堂广泛采用,但新式学堂的师资,尤其是可以运用这套教科书的师资非常缺乏。鉴于此,商务印书馆于1905年春,在上海文监师路文昌里小学师范讲习所培养和训练小学教师,同时于2月18日成立附属小学,以备实地训练。1907年,小学师范讲习所因期满停办,附属小学却得以保留,并添办高等小学班,称尚公两等小学校,这便是尚公学校的雏形。1915年,尚公学校定名为商务印书馆私立尚公小学校,1916年又迁至宝山路宝兴西里,自建房屋作为校舍。1922年1月,尚公学校应教育思潮的变迁改组为试验性质的学校,正式被命名为尚公学校。[①]自1905年诞生到1932年"一·二八"事变被毁,尚公学校存在了28年,成为当时上海最著名的小学之一。

(一)办学宗旨、师资队伍及课程设置

尚公学校在当时声名鹊起,与其办学宗旨和办学理念,以及雄厚的师资和合理的课程设置等密不可分。

1. 办学宗旨和校训

尚公学校中"尚公"一词指的是"崇尚公共教育和公共精神",其办学以"留意儿童身心之发育,培养国民道德之基础,并授以实用之技能为宗旨"。[②]可见,尚公学校注重培养身心健康的全面发展的人才,强调"增进学生对社会的认识,培养学生各种处事的能力"[③],最终"人人成为一个合式(适)的儿童,人人成为一个适应时代的国民,才算达到目的"[④]。同时,这类人才一定要以完备的社会道德为基础,且必须具备社会所需的实用技能。因此,尚公学校的课程中除算术、国文外,还设置了裁缝、操作等课程,力图培养学生的实际技能。不仅如此,尚公学校还注重培养博爱、爱

---

① 唐钺、朱经农、高觉敷《教育大辞书 一册》,台湾商务印书馆,1974年,第582页。

② 《尚公小学校章程》(1916),朱有瓛《中国近代学制史料》(第三辑上册),华东师范大学出版社,1990年,第172页。

③ 叶至善《我念过的尚公学校》,《商务印书馆一百年(1897—1997)》,商务印书馆,1998年,第140~141页。

④ 庄俞《我所最爱的尚公》,《尚公学校校刊》,1926年第22期,第2页。

惜名誉、有公德心、团结一致、道德意识和道德行为统一，且为公众谋利益的人。尚公学校校歌"美哉美哉吾尚公，名誉当尊重。名誉原自实际来，普及到公众。孔云汎爱耶言博爱，大家都是好弟兄。规过劝善，公德日隆，美哉吾尚公"[①]印证了这一点。

图4-3　尚公学校被毁活动正门

图片来源：《东方杂志》，1932年第4期，第1页。

尚公学校开办的宗旨有四个方面：第一，根据我国教育宗旨施行小学教育；第二，研究小学教育法理，试验各种新方案；第三，师范学校学生得借为教学实习；第四，供各地小学界之参观，相互讨论，共谋改进。由此可知，尚公学校的第一要务是施行小学教育，为本馆子弟及其他适龄儿童实施小学教育。当然，尚公学校还具有实验的性质，即在小学教育教学实践中总结经验，试验各种小学教育原理。此外，尚公学校还为师范学校学生提供实习机会，帮助其增加教育教学实践经验，也吸收实习生对本校改进的意见等。在教学、实验的基础上，尚公学校还对外开放，欢迎各小学观摩学习，相互交流，吸收有益经验。可以说，尚公学校集办小学教育、教育实验、教育实习、教育观摩和交流为一体，共同服务于尚公学校教育教学的改进，也在一定程度上服务于教育学理的总结。

此外，尚公学校的校训为勤朴。"勤"有两层意思，一为勤劳，二为殷勤；"朴"亦有两层意思，一是质朴，二是朴素。因此，尚公学校注重培养勤奋而不懒惰，戒奢华崇尚朴实、朴素的人才。[②]

---

① 《尚公小学校校歌》，《教育杂志》，1916年第8卷第7号，第24页。

② 《尚公记》，商务印书馆，1916年，第2页。

2. 师资队伍

尚公学校从正式创办开始，历任校长都是当时知名的教育专家和学者，有蒋维乔、徐念慈、徐宗鉴、庄俞、吴研因、杨贤江、朱经农、沈百英、高觉敷等。历任校长均注重在先进的教育教学理念的引领下，指导和改革学校的教育教学实践。如高觉敷担任尚公学校校长后，先是组织教师学习心理学，还邀请当时著名的心理学家、暨南大学教授郭一岑和谢循初等人来学校讲授教育心理学的有关问题。在此基础上，高觉敷结合自己对皮亚杰心理学的认识和理解，向教师们讲述如何测验小学生运用连词的能力，并进行了一些初步测验或预测，旨在为编纂小学教科书提供科学的参考资料。[①]

就尚公学校所聘请的教员来看，以1919年为例，如表4-3所示：

表4-3　1919年尚公学校教职员情况一览表

姓　名	籍　贯	年　龄	职　务
庄　俞	武　进	40	校　长
朱　亮	常　熟	35	主　任
郭绍虞	吴　县	26	历史科教员
曾　格	常　熟	27	理科教员
陈文钟	常　熟	37	地理科教员
缪序宾	常　熟	26	珠算教员
张自明	武　进	31	英文教员
李维章	江　阴	25	珠算教员
吕云彪	嘉　定	27	珠算教员
戴渭清	常　熟	25	算术科教员
王养浩	武　进	26	商业国民科教员
高　奎	武　进	23	算术唱歌教员
蒋　千	宜　兴	23	体操科教员
金　奋	吴　县	24	英文科教员
孙　乐	常　熟	30	地理理科书法教员

① 郭本禹、魏宏波《心理学史一代宗师——高觉敷传》，南京师范大学出版社，2012年，第96页。

（续表）

姓　名	籍　贯	年　龄	职　务
汪慰群	嘉　定	—	裁缝科教员
金　溢	武　进	38	—
顾　霖	武　进	22	—

资料来源：《尚公记》，商务印书馆，1919年。

由上表可以看出，第一，尚公学校的教员多来自上海附近，尤以江苏武进、常熟居多，地缘因素在尚公学校教师群体中发挥了较大作用；第二，尚公学校的教员年龄在22～40岁之间，尤以25～30岁居多，师资队伍年轻化，更有利于小学教育；第三，尚公学校教员的学科背景有所不同，可以根据专长教授不同的科目；第四，尚公学校卧虎藏龙，郭绍虞、叶圣陶等都曾是这里的教员。

限于笔者查到的资料有限，难以推断尚公学校教员的学历，但曾是该校小学生的方桂生回忆道："教员都是国内师范学校毕业的高才生，对小学教育有一定的经验。"[①]据《商务印书馆附设尚公学校改组概况》等资料来看，也是如此。尚公学校初办时，教员多来自商务印书馆所设小学教员讲习所。随着学生人数的增多，教员聘任数亦增多，尚公学校的教员多来自"数年或曾在师范学校毕业者"[②]，这也成为尚公学校后期聘请教员的标准，即该校后来"都从各省立学校以及著名学校，如景海女学等延揽而来。有的做过师范教员，有的做过附属小学的指导教员（指导教生），有的有特别技能，并且因为本校兼收女生的缘故，又聘了好几个极有能力的女教员"[③]。由此可知，尚公学校的教员大都是国内师范专科学校毕业的高才生，或是有实际教学经验的教师。因为教师多毕业于师范院校，其教育教学素养较高，也多注重教育理论和教育实践的结合，且学校注重"每年春秋之际必轮派

---

① 方桂生《我和商务印书馆》，《商务印书馆馆史资料》，商务印书馆馆藏，第7～8页。
② 庄俞《上海尚公小学校教育实况》，《教育杂志》，1916年第8卷第7号，第16页。
③ 《商务印书馆附设尚公学校改组概况》，《教育杂志》，1922年学制课程研究号，第12页。

至各地参观有名学校"，并鼓励"实地研究"，通过教育教学实践以及交流观摩，教师提升了理论素养，发表了与教育教学相关的著述，如表4-4所示：

表4-4　1926年尚公学校教师著述一览表

著作者	著述名称	出版社或发行处
胡叔異	平民职业小丛书（歌谣）	中华职业教育社
	平民职业小丛书（故事）	中华职业教育社
	平民职业小丛书（小说）	中华职业教育社
	各科学习心理纲要	商务印书馆
	儿童生活历	商务印书馆
	国家主义与小学宗旨问题	中华教育界
	儿童图画的研究	申　报
	小学英语教学法	教育杂志
	小学教师加薪问题	申　报
	小学实际问题	中华教育界
孙慕坚、沈百英、杨鼎洪	小学教育实际问题	江苏小学教育月刊
杨鼎洪	儿童课外活动之研究	上海时事新报学灯
	小学校里的表演问题	教育杂志
	设计的模仿操	商务印书馆
杨彬如	设计的儿童游戏	商务印书馆
	新制小学早操教程	商务印书馆
	儿童工艺丛书	商务印书馆
	尚公儿童自治概况	商务印书馆
	小学校的健康教育	教育杂志
	新制小学体育科教学法	商务印书馆

资料来源：《本校职教员著作一览表》，《尚公学校校刊》，1926年第23期，第3页。

除此之外，尚公学校教员缪序宾、吕云彪等人在总结授课心得以及经验的基础上，出版了《家庭教育画》《高等小学手工平面物标本》《国民学校手工平面物标本》《实验分团教授法》《动的教育学》《实验各科动的教育法》等。由此可知，尚公学校教员十分注重在教学中研究，在研究中教学。同时，尚公学校作为商务印书馆的附属小学，商务印书馆会编辑和出版教员的研究成果，这进一步激发了尚公学校教员的研究兴趣，推动其研究顺利进行。

图4-4　1922年尚公学校全体职教员合影

图片来源：《尚公学校概况》，商务印书馆，1922年。

3. 课程设置

总体来看，尚公学校设置了国文、数学、英语、历史、地理、自然、体育等较为全面的课程，其课程表如表4-5所示：

表4-5　1926年尚公学校课程表

课程 大要 科目		一、二年级	课时数	三、四年级	课时数	五、六年级	课时数
国　语	读文	儿童文学欣赏和练习、表演	8	同前，加儿童世界等阅读	6	同前，加文学书小说杂志报章的阅读	6
	作文	通告、信件、画片说明、短故事发表	1	同前，加作文的基本练习，实用、说明文、记事文的研究练习	3	同前，加论说文的研究练习	3
	写字	难字抄写、应用文书写	2	正书和简便行书的练习	2	正书和行书临帖练习	3
	语言	语言练习	1	同前，加注音字母	1	同前，加拼音及演说辩论法	1
算　术		算术故事、游戏、四则速算、应用练习	4	四则、诸等、小数、应用练习及速算	4	诸等、小数、分数、百分、利息、比例	6
社　会	卫生	身体服物的清洁等	2	个人、公众卫生	2	生理卫生大要、急救法和治疗法大要	2
	公民	家庭学校邻居市乡研究	1	市乡县省国家的组织、事业和公民责任	1	公民责任、升学和职业指导	2
	历史	原始人生活故事、节日研究	2	近代历史大事、时事研究、事物发明史大要	2	本国和世界历史大事、时事研究	2

（续表）

课程大要科目 \ 年级	一、二年级		课时数	三、四年级	课时数	五、六年级	课时数
社　会	地理	异方人生活故事、地理观察	2	本省本国地理大要、本国和世界各国的普通关系	2	本省本国地理大要、本国和世界各国的普通关系	3
自　然	自然物、自然现象		3	自然物、自然现象、自然界的利用	3	同前	3
工　艺	研究衣食住粗浅的工艺问题、简易玩具模型制作		2	研究衣食住普通的工艺问题、简易工艺应用品的制作		研究衣食住普通的工艺问题、实习衣食住普通的工艺品制作	3
美　术	剪贴、发表画、黏土塑造		2	同前	2	同前	2
音　乐	简易歌曲的听唱表演		3	简易歌曲的听唱表演、调子七音的研究	3	歌曲视唱、浅近乐理	2
体　育	游戏、模仿操		3	同前，加球类游戏、田径赛	3	同前，加普通体操	3
英　语	无		0	短句语言、短故事阅读	5	会话、书本阅读、抄写造句	7
备　注	除正课外，有谈话课			除正课外，有选习课		除正课外，有选习课	

资料来源：杨鼎洪《上海尚公学校最近概况》，《小学教育月刊》，1926年第6期，第3～4页。

由上表可知，尚公学校课程设置有如下几个特点：第一，尚公学校从培养身心全面发展、道德完善及有社会技能的人才的办学宗旨出发，设置了全面的课程，涵盖国文、算术、社会、自然、工艺、美术、音乐、体育、英语九大类，"社会"下面还有卫生、公民、历史、地理。课程在考虑基本知识传授的同时，还加入了国内外时事、衣食住

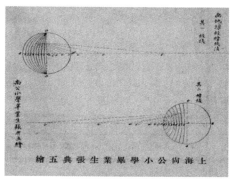

图4-5　尚公学校毕业生张典五绘图

图片来源：《尚公小学毕业生张典五绘图》，《少年》，1919年第6期，第1页。

等实用知识，注重以此传授生活所必需的知识技能。这些课程有助于学生

知识、道德、体育、美育、语言和操作技能等全方位发展。第二，根据学生年龄的不同和学习能力的差异，课程设置由易到难，不同阶段学习重点有所突出，不同课程学习时间也有所变动。此种举措有助于根据学生身心特点，掌握该阶段的学习内容。第三，除必修课程外，考虑到学生的兴趣，弥补正课的不足，便于学生自由学习相关内容，尚公学校还增设了选习科，如救护、裁缝、音乐、玩具制作等，方便三年级以上的学生根据个人兴趣和志愿，于每学期选习一种或两种。①

在教材的选用方面，尚公学校或是自编，或是采用商务印书馆出版的教科书。②除教科书之外，学校还会加入参考书和补充读物，补充读物由教师自编，内容以"实用""兴趣""应时"合于儿童心理为目的。由此，尚公学校作为商务印书馆的附设实验

图4-6　尚公学校学生在上美术课、游戏及其朝体操

图片来源：《尚公学校概况》，商务印书馆，1922年。

小学，在教材、教科书方面有天然的便利优势，而教师结合教学实践自编的教科书，又可以完善商务印书馆教科书系列，实现了双向互动和相互收益。

---

① 《商务印书馆附设尚公学校改组概况》，《教育杂志》，1922年学制课程研究号，第11页。

② 《上海私立尚公学校》，《教育杂志》，1923年第15卷第6号，第32页。

（二）教育实验

尚公学校一方面是"一个公益学校,一方面又是一个实验新教育,提倡新教育的试验学校"[1]。可见,尚公学校从一开始就具有实验性质。随着1922年新学制的颁行和西方教育实验思潮的影响,尚公学校明确规定:"凡渐方法新制度,以慎重之研究而认为可行者。谨当竭力试验。"在实验、试验精神和开办宗旨的引导下,尚公学校"举凡课时、教材、教法、设备布置、学生自治等都进行试验",并对分团教学法、设计教学法以及儿童自治等进行了实验。

1. 教学法实验

第一,分团教学法。1914到1915年以后,国外各种教学法先后输入我国。自学辅导主义输入后,分团教学法开始进入我国。"这教学法是将同年级的学生按学力与性质分为若干团,由教师分别指导,以增进他们的学习能力。"[2]尚公学校根据日本奈良女子高等师范附属小学斋藤诸平、清水甚吾合著的《分团教学之实际》,并结合本校实际,开展了分团教学实验。具体来说,尚公学校做法如下:(1)分团排座,按照优等生、差等生以及普通生交叉排座,便于教师关注和优帮差;(2)根据科目性质考虑分团与否,尤其是国文、算术、地理科目,因以知识学习为主,所以适合分团,修身、历史采用合级教授,技能科形式上不分团,但可以采用分团精神;(3)分团标准因年级有别而不同,即一、二年级60分以上为优秀,以下为劣等,三、四年级80分以上为优秀,60分以上为中等,60分以下为劣等,在此基础上,高年级划定40分以下为最劣等;(4)根据讲授内容不同进行分团;(5)分团教学会考虑因年级不同而教学顺序有所不同。[3]

第二,设计教学法。设计教学法由美国教育家克伯屈于1918年创立。在杜威实用主义教育思想的影响下,他主张教学要建立在儿童的兴趣之

---

① 《商务印书馆附设尚公学校改组概况》,《教育杂志》,1922年学制课程研究号,第11页。

② 陈学恂《中国近代教育史教学参考资料(中)》,人民教育出版社,1987年,第447页。

③ 陈文钟《实验分团教授法》,商务印书馆,1918年。

上，以有目的的活动作为学生学习的依据。在教学组织上，废除班级授课制，打破学科体系，按照儿童有目的的活动作为所设计的学习单元，儿童自己设计和组织教学活动，从而获得解决问题的能力。教师的任务是实施指导、评价、帮助。[1]设计教学法传入我国后，俞子夷、沈百英等在江苏一师附小、上海万竹小学、南京高师附小等进行了实验。尚公学校受此热潮

图4-7　克伯屈夫妇参观尚公学校后留影

图片来源:《教育杂志》,1927年第19卷第3号。

影响，且据"设计教学法，已为一般教育家认作最有价值的方法"，该校教员"部分已在苏州一师附小等校试验过几年，结果颇好"，故在该校也施行了设计教学法，其计划为:(1)一年级以学生的自由活动为中心，所习的课程不分科，也不分系;(2)二、三年级分作业(Hand-work)、故事(Stories)、游戏(Play)、观察(Observation)四大类，且均以各科教材作为学生活动的内容;(3)四年级以后，仍旧沿用合科目，使学生将各科教材作为他们设计活动的工具。[2]

　　无论是试验分团教学法，还是设计教学法，尚公学校始终坚持尊重儿童的个性，以儿童为中心，最大程度促进儿童的发展。分团教学法注重学生间的团结、合作和互助，考虑了学生学习系统知识，但对教学和生活间的联系不够。设计教学法注重儿童学习的主动性和兴趣，强调引起学生的学习动机，注重其活动以及学习和生活间的联系，但是打破了学科体系，使学生难以获得系统的知识。虽然两种实验均有弊端，但对于尚公学校来说，实验使学校彻底改变了传统教学法，不断适应儿童发展的需要，这也是尚

---

① 熊明安、周洪宇《中国近现代教育实验史》,山东教育出版社,2001年,第110～112页。

② 《商务印书馆附设尚公学校改组概况》,《教育杂志》,1922年学制课程研究号,第11页。

公学校所坚持和追求的最终目的。

2. 杜威教育思想的实验

1915年后，随着留学欧美学生的归国，加之杜威来华讲学的轰动性效应，中国开始学习和引进美国教育学，杜威实用主义教育学说开始影响中国教育实践，成为指导当时学校教育实验和教育改革的依据。尚公学校明确坚持"儿童中心主义"，依托杜威的"教育即生活、教育即生长、教育即经验改造、学校即社会、从做中学"进行了相应的教育实验。

第一，儿童自治: 杜威教育学说的完整体现。尚公学校教员马精武写道，小学教育的目的，"是使儿童获得生活的方法和应付环境的工具——经验"。要使学生与社会生活接近并获取适合现代生活的经验，最好的办法是施行儿童自治。"儿童自治是根据 'Learning by Doing' 的原则而施行的"。[①]由"经验""从做中学"，尚公学校自治组织下设银行、图书馆等各类组织机构，"儿童天性活动，他们唯一的学习方法，就是活动"[②]来看，杜威教育学说是尚公学校儿童自治的依据。

尚公学校儿童自治经历了三个时期，即筹备期（1922年1月28日～4月30日）、实行期（1922年5月1日～1928年1月）、改组期（1928年2月起）。具体来说，尚公学校儿童自治有其原则、组织机构等。

就其原则来看，尚公学校始终一贯的原则之一为"从小组织而到大联合"，指的是把学级自治作为基本，各有学级自治会，从小组织上发生大联合，另组一个学校青年会，定名"小青年会"，把集会游戏作为主体，附设各种特殊机关。巡察团作为独立机关，主持秩序方面的事情。[③]

就其各级组织机构来看，改组前儿童自治组织（见图4-8）的基本单位是学级自治会，且三年级以上才有，一、二年级为临时设计的组织。通过儿童自治组织，学生定期组织会议、检查卫生、举办交谊会，有助于学生决

---

① 马精武《尚公学校儿童自治的昨今明》，《教育杂志》，1929年第21卷第5号（实验小学教育专号），第11页。

② 杨彬如《尚公儿童自治概况》，商务印书馆，1926年，序言。

③ 杨彬如《儿童自治施行实况》，《教育杂志》，1924年第16卷第7号，第1～35页。

策、交往、监督等能力的培养。

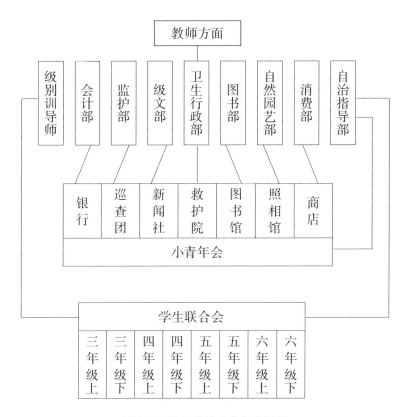

图4-8　改组前的儿童自治组织

总体来看，改组前的儿童自治符合儿童心理，但是也由于学生自治能力较差等原因，导致组织太散漫、没有群众的后盾、不合时代精神等问题的出现。1928年2月，改组后的儿童自治组织（图4-9），较之前更为严密，更加详细。

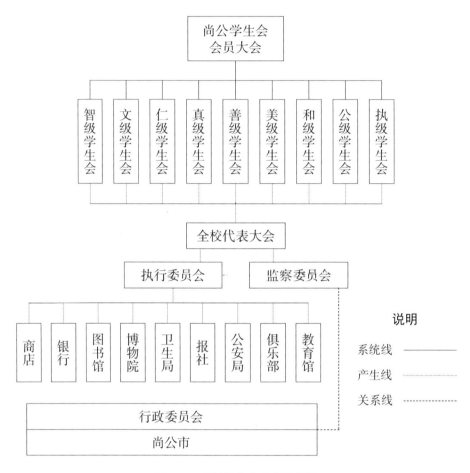

图4-9　改组后的儿童自治组织

　　除了构建并改进系统的自治会组织外，为了有效地推进儿童自治，尚公学校还成立了儿童自治讲习所。讲习所下设青年会管理法科、图书馆科、巡察团科、银行科、新闻科等机构，每个机构都有一位教师负责指导，且学习内容有所不同。如图书馆科主要学习儿童图书分类、书籍防蛀法、借书还书手续、阅书规则等图书馆规程；银行科则学习银行的性质、如何保持信用以及利息计算法等。学生学完后，通过测验者，即可领取毕业证书（如图4-10）。当儿童自治讲习所接近休业后，开始筹备自治事业所应用的用具，以使学生"课余去轮班服务"①，在教师指导下进行实际操作。根据儿童所学科目的不同，应用器具、实施规程等也有所不同。图书馆科添置书橱（见图4-11），并有相应的图书馆规程，新闻科添置投稿箱，银行则有算盘、小铁箱、市价板等，救护院有药箱以及救护院规程等，便于学生操作和实践演练。

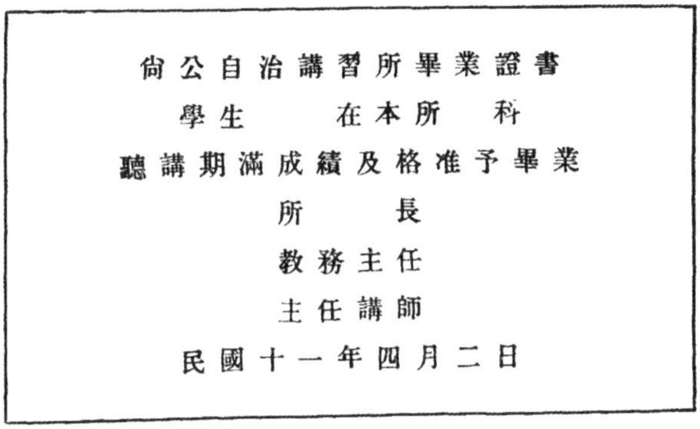

尚公自治講習所畢業證書

學生　　　在本所　　科

聽講期滿成績及格准予畢業

所　　長

教務主任

主任講師

民國十一年四月二日

图4-10　尚公学校自治讲习所毕业证

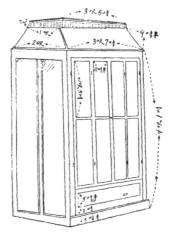

图4-11　尚公学校自治会图书馆书橱

---

① 叶至善《我念过的尚公学校》，《商务印书馆一百年（1897—1997）》，商务印书馆，1998年，第140～141页。

此外，马精武还考虑到儿童自治中的人选问题，通过发放调查问卷，了解了学生的情况和意见后，还设计了两个方案，以解决人选问题。其一为施行自治周，通过标语、训话、音乐、比赛等活动和宣传，使学生明了自治的意义；其二为开设自治训练班，根据自治会下设各机构，由教师通过专门教材培养专门人才。[1]

图4-12　尚公自治会儿童在办公

图片来源：《教育杂志》，1929年第21卷第7号。

第二，远足旅行、校外教授：学校即社会。曾经是尚公学校学生的叶至善回忆，尚公学校每年春秋都会举行远足旅行，采集标本，考察各地风俗以及该地物产、商业、交通等状况，回校后报告见闻。[2]尚公学校举行远足，目的在于"使儿童作户外之研究，补各科之知识"。在远足旅行开始前，学校教员要组织远足会议，决定远足办法，确定远足地点。以1925年为例，

---

① 马精武《儿童自治中的人选问题及其解决办法》，《教育杂志》，1930年第22卷第10号，第45～54页。

② 叶至善《我念过的尚公学校》，《商务印书馆一百年（1897—1997）》，商务印书馆，1998年，第140～141页。

远足委员会决定由谢蕴如、杨彬如等教员和校工带领学生进行远足。其中，四、五、六年级可去西湖、虞山四日，三、四、五年级可当天往返吴淞，二年级当天往返商品陈列所，一年级可当天往返六三花园。由此可见，根据学生年龄，学校安排了不同的远足地点。学生远足结束后，学校会收集学生的笔记和采集标本，举行远足成绩展览会。①

图4-13　尚公学校学生苏州远足旅行

图片来源：《教育杂志》，1924年第16卷第8号。

　　此外，尚公学校还注重沟通学校和社会的关系，利用校外实物进行校外教授。教员陈文钟于1913年4月带领学生在校外进行了实地参观。他选取了学校附近的陈家花园，利用其中的各类植物、墓地以及经过的铁路，让学生实地学习了油菜花、害虫、墓地、铁路的相关知识。②通过组织远足旅行和校外教授，尚公学校的教师不仅教"学生会读印好了的教科书"，也"教他们会读生活的教科书"。③尚公学校学生通过走出课堂，于实践参观中获得了直观、生动的社会经验。

① 《本届远足办法》，《励志杂志》，1925年第2期，第90～91页。
② 陈文钟《尚公小学校校外教授案》，《教育杂志》，1913年第5卷第6号，第62～64页。
③ 〔苏〕克鲁普斯卡雅《克鲁普斯卡雅教育文论》，卫道治译，湖北教育出版社，1989年，第218页。

图4-14　上海尚公学校公民新剧之故事表
演《衣锦荣归》

图片来源：《青年进步》，1928年第111期，第1页。

第三，教具制作："从做中学"。杜威曾说道："一个儿童要学习的最难的课程就是实践课，假如他学不好这门课程，再多的书本知识也补偿不了。"[1]可见，杜威主张"在做事里面求学问"，也就是儿童要通过亲自实践和活动来获取知识，儿童的"做"才是其学习、成长的根本。由此出发，尚公学校还要求学生自己制作教具，一方面是因为当时教具缺乏，另一方面是为了让学生"做"，让学生"做事"，锻炼实践操作能力和缜密的观察能力，在实际的手工操作中学习。该校学生所做教具在上海第二次小学校成绩展览会上也获得较高评价，"颇见制法之妙"且"与市售品无异，可供教授之用"。[2]由此，学生"从做中学"，真正体会到了"做事"的乐趣和成就，更加激发其学习兴趣。

（三）尚公学校教育实验的意义

尚公学校教育实验的意义体现在以下几个方面：第一，推动了西方教育思潮、教育学说在中国本土的传播。清末民初，我国开始引进日、美教育思潮、教育思想，并借鉴西方的教育实验，除通过期刊、书籍进行传播外，各个学校的教育实验亦是助力之一。可以说，尚公学校的教育实验，无论进行时间长短，均在实践上推动了我国传播西方教育学说的力度和声势。第二，推动了教育学中国化。尚公学校教育实验多是在参照西方教育学说的基础上进行的，如杜威的实用主义教育学说，克伯屈的设计教学法等，但是该校教师在实验中并未完全照搬，而是融入了自己的思考，在创造性吸收的基础上，结合本校教育实验形成了系列著述，丰富了本土教育学研究成果。

---

[1]　吕达、刘立德、邹海燕《杜威教育文集》（第1卷），人民教育出版社，2005年，第244页。

[2]　胜棋《我校之自制教具》，《教育杂志》，1916年第8卷第7号，第23页。

第三,促使教育观念的变革,推动了教育学科学化。尚公学校的教育实验,尊重客观事实,应用科学的方法,如发放问卷、访谈等,改变了以往我国传统教育注重演绎的传统观念和做法,有助于中国教育学走向科学化。

此外,尚公学校的教育实验还有助于改革教育实践,其在教学法、教材等方面的实验取得的相关成果,又为其他学校教育改革提供了借鉴,进一步促进我国近现代教育实践发展。同时,尚公学校的教育实验于教师发展裨益良多。叶至善回忆道:"有好几位教过我的老师成了中小学教材的编辑专家,儿童读物的出版专家,还有师范院校的教授。"可以说,尚公学校的教师在"教学中实验、研究",在"实验、研究中教学",积累了诸多教学经验、教育实验经验,其研究素养逐步提升,使其成为专家型教师。

三、函授学校的兴办与民众素质的提升

函授教育起源于19世纪60年代英国的大学推广运动,主要是指"运用通信方式向受教育者进行的文化科学知识教育或职业教育"。函授教育主要"针对在职人员的需要,学用结合比较紧密,费用较省,效率效益比较高"。[1]因此,函授教育因其便利性、效益性以及费用较低等特点,自兴起后在世界各国得到推广,在提升大众素质和推动社会发展方面取得了显著的成绩,也赢得了社会的认可。中国青年"所受函授教育始于1902年北方诸铁道之实习生,彼时詹天佑君驰书美国,就商于施克兰敦之万国函授学校,愿得切用之学科,以宏诸生之造就,于是实习生之报名该校,肄习土木工程铁道工程者,十有八九,其进步神速"。1906年施克兰敦在上海开设函授学校,这是我国函授事业的开端。[2]国人自办的正式的函授教育,始于1915年商务印书馆附设的函授学社。商务印书馆办函授学校,与其获取一定的经济收益、宣传和出售其出版物、学校难以满足大多数就学者、迎合社会大众学习英语和商业等的需求有密切关系。商务印书馆在为社会成员提供自修

---

① 李冀《教育管理辞典》(第2版),海南出版社,1997年,第202页。
② 严天倬《中国之函授学校》,《教育杂志》,1917年第9卷第12号,第71页。

辅导方面做出了巨大贡献,是当时国内开办时间最长,且最具实力和影响力的函授学校。

(一)函授学校的办学情况

商务印书馆函授学社于1915年成立[①],是"中国最早创办的函授教育机构",商务印书馆编译所所长张元济兼任社长。函授学校创办后,最先在英文部开办英语函授专科,原因在于"该馆刊行英文杂志深受社会欢迎,读者既获英文杂志之益,乃时时以设立英文函授学校相敦促"。英语函授科分本科、选科两种。本科分四级,共八门课程,如第一级是读音、缀字、诵读、文法、简易会话、简易造句、译句、用字典法,第四级是英文文学、修辞学、作文法、名家文选、英文成语研究等。课程安排按照学生的学习程度,由简单到复杂,层层递进。选科分文学、信札、修辞学、作文、新闻译例、翻译文件、翻译新闻等,学员可以从中选择一两门进行学习。英文函授社社长为邝富灼博士,营业长是《英语周刊》主任周越然,所聘教员有钱智修、黄访书、平海澜、李培恩、夏曾荫、季世昌、刘志新等十余人,"又皆学界知名之士",而"改课尤极认真,学生有质问疑义者,由教员按条答复,不厌求详,是以学生亦极为发达"。[②]正因为商务印书馆精心经营英文函授学社,学生人数日渐增多,成为中国人所办的"规模最大、声誉最著"的函授学社。[③]

1921年以后,函授学社相继开设了国语科、国文科、算学科、算术科、图书馆学科等。其中,国语科的宗旨在于"推广国语教育,扶助有志国语者之研究"。凡是小学教员、中等学校学生及有志于研究国语者,均可以报名学习,主要课程有国语发音学、国语文法、国音练习法、会话、中国音韵沿

---

① 据丁伟考证,商务印书馆函授学校创办时间既不是学界普遍认可的1914年,亦不是一些学者认可的1915年7月,而是1915年3月成立,其正式招生时间为1915年7月,正式开学时间为1915年8月末。其停办时间不是学界普遍认可的1941年12月,更不是少数学者认可的1937年7月,亦不是1946年9月,其停办时间应该是1946年12月。参见丁伟《民国时期商务印书馆函授学校办学时间史实考辨》,《兰州学刊》,2014年第9期。

② 王步贤《参观商务印书馆英文函授学社纪略》,《东方杂志》,1919年第16卷第5号。

③ 严天侔《中国之函授学校》,《教育杂志》,1917年第9卷第12号,第71页。

革史、国语教授法等。①与英语函授社相同，课程安排由浅入难，并选取知名教师授课，强调对学生进行鼓励和奖励，编辑符合学生需求的讲义，赢得了学员的欢迎和认可。恰逢国语运动，商务印书馆函授学校报名人数日渐增多，"国文科自四月开办以来，迄今不过四月，报名入学者已达五百人之多"②。

1932年"一·二八"事变后，函授学社停办。同年10月恢复，改称商务印书馆函授学校，商务印书馆编审部部长王云五兼任校长。函授学校聘请各大学教授和本馆编审部编辑任顾问。中学部开设语文、数学、英语、日文、自然、史地、图书馆学7门课程；大学部开设数、理、化、经济、文、史、医、农等60门课程，为未能进入普通中学或高等学校就读的青少年和在职人员提供了学习机会。③函授学社恢复后，商务印书馆对函授学社的学员如何复学亦进行了相关规定："本馆所设函授学社英文、国文、商业、国语、算学五科，学员众多，自'一·二八'被难，该函授学社，亦即暂行停办，现决定恢复英文、国文两科，亦规定办法为：（1）英文科学员，在民国十九年一月二十八日以后入学者及（2）国文科学员在民国二十年一月二十八日以后入学者，于本月十日起，九月底止，凭学费收条或亲至或函寄本埠法租界劳尔东路颐德坊第十八号本社事务所登记。"④

1938年春，商务印书馆函授学校划归商务总管理处编审部管理，并聘请专人为编审员和编译员。同年6月，商务印书馆又扩充了函授学校，并修订了章程，改设中学部和大学部。此时函授学校的组织机构已比较健全，有校长、副校长、教务主任、事务主任等。中学部设7门功课，有国文科、日文科、自然科、英文科、算学科、史地科、图书馆学科，各科设主任1名。大学部设15个系，开设数、理、化、经济、文、史、医、农等60门课程，每门课程都聘请高等学校或专科学校的教授以及本馆编审部的编辑担任顾问。具体各

① 《上海商务印书馆附设函授学社国语科简章》，《教育杂志》，1921年第13卷第6号。

② 《函授学社近事　国文科报名之踊跃》，《励志》，1925年第3期，第78页。

③ 关世雄《成人教育辞典》，职工教育出版社，1990年，第471页。

④ 一岳《商务印书馆总馆复业》，《中国新书月报》，1932年第7期，第31页。

科主任和大学部各系顾问名单如表4-6、4-7所示：

表4-6　商务印书馆函授学校各科主任名单

系　别	姓　名
国文科	丁聱音
英文科	周越然
日文科	谭勤馀、曾新山
算学科	邹尚熊
自然科	黄绍绪
史地科	苏继顗
图书馆学科	徐　亮

表4-7　商务印书馆函授学校大学部各系顾问名单

系　别	姓　名	履　历
哲学系	冯友兰	哥伦比亚大学哲学博士,清华大学教授
	唐钺	哈佛大学博士,北京大学等校心理学教授、商务印书馆编辑所哲学组组长
文学系	郑振铎	燕京大学、清华大学、暨南大学中文系教授
	韦悫	芝加哥大学哲学博士,中央大学等校教授
史学系	何炳松	北京大学、光华大学、大夏大学教授,商务印书馆编辑
	黄维荣	复旦大学毕业,任职于商务印书馆
法律系	吴经熊	密歇根大学法律博士,东吴大学教授
	徐百齐	商务印书馆法律书籍主编
商学系	潘序伦	哥伦比亚大学经济学博士
	张天泽	商务印书馆编辑部主任
经济系	马寅初	北京大学等校教授
	黄荫普	中山大学教授、广州商务印书馆经理、商务驻港办事处协理等
化学系	陈裕光	哥伦比亚大学博士,金陵大学化学系有机化学教授
	谭勤余	留学日本,商务印书馆编审部专门编辑和翻译化学书籍
物理系	李书华	巴黎大学法国国家理学博士,北京大学教授
	周昌寿	留日,商务印书馆编辑,早期向国内介绍量子论和相对论等的学者

（续表）

系 别	姓 名	履 历
算学系	郑太朴	德国哥廷根大学攻读数学和物理学,武昌中山大学教授
	邹尚熊	商务印书馆出版课课长
生物系	秉 志	康乃尔大学哲学博士,东南大学教授
	周建人	暨南大学、安徽大学等校教授,商务印书馆编辑
工学系	马君武	德国工学博士,大夏大学等校教授
	唐凌阁	商务印书馆制版厂厂长
教育系	欧元怀	哥伦比亚大学硕士,大夏大学教授
	黄觉民	菲律宾大学硕士、哥伦比亚大学进修,大夏大学教授、《教育杂志》编辑
医学系	翁之龙	德国法兰克福大学医学博士,北京大学、同济大学教授
	顾寿白	日本长崎医科大学毕业,厦门大学任教、商务印书馆医学编辑
农学系	辛树帜	德国柏林大学毕业,中山大学教授
	黄绍绪	商务印书馆编辑

资料来源:《商务印书馆九十五年: 我和商务印书馆（1897—1992）》,商务印书馆,1992年,第659～660页。

由表4-6、4-7可知,商务印书馆函授学校重组后,注重聘请各大学知名教授及本馆编审部编辑担任教师。冯友兰、马君武、翁之龙、秉志等大学教授都是相应学科的领军人物,商务印书馆编辑则多是该学科有经验的编辑。可以说,这些教师更好地推动了函授学校向更高层次发展。

（二）函授学校与中国继续教育的发展

商务印书馆函授学校为当时中国社会成员提供了自修辅导的机会,于商务印书馆获取利益,于社会大众提升素质,于中国继续教育发展,具有多重意义。

一方面,扩大宣传,有助于商务印书馆获取利益。毋庸置疑,获取利益,在商言商,这是商务印书馆出版图书、办函授学校的重要准则。因此,函授学校开办之后,"由于大量宣传,为商务印书馆开辟了一条新的生财之道,前后数年之间,参加函授学社的学员近万人以上,毕业者数千人"①。不仅如此,函授学校会附带本馆出版的相应出版物、讲义,服务学生学习的同时,进一步宣传了本馆的出版物,扩大了出版物的销量。

另一方面,服务于失学青年,为其提供学习机会。函授学校中学部和大学部的设立,为不能进入高等学校或专科学校学习的人,以及因为家庭贫困等各种原因失学的青年人,提供了学习的机会。②这些进入商务印书馆函授学校学习的人,之后不少还成为知名学者。历史学家朱杰勤17岁因家贫辍学,到商店当杂工,业余刻苦自学,进修商务印书馆函授学习中文、英文、数学及商科各专业课程。1933年,他顺利考取中山大学研究院,在史学家朱希祖的指导下攻习秦汉史,成为中外关系史研究的权威。王芸生因家贫,在天津禅臣洋行当学徒,看到《申报》刊登的商务印书馆函授学校的广告后,在副总经理张慗然的资助下,到上海商务印书馆函授学校学习英文,英文水平迅速提高,成为该行正式职工,此后更是成为《大公报》的编辑主任。

总体来看,商务印书馆所办养真幼稚园、尚公学校以及函授学校,因其办学理念先进,教师队伍优良以及能和出版物相互裨益,形成了良性互动。蒙台梭利、福禄贝尔、杜威、克伯屈等人的教育思想均为商务印书馆附设小学、幼稚园所实验,商务印书馆成为当时社会上新教育思想和理念的试验地,也成为社会各界竞相学习的办学机构。同时,养真幼稚园、尚公学校的办学活动和教育实验,也为教师的教育学素养及学术研究能力的提升提供了试验地,沈百英、胡叔异、杨彬如等将教育实验形成论著、论文,有助于其专业发展,进而形成本土教育、教育学思想,助力教育学研究的本土化。

---

① 《商务印书馆九十五年:我和商务印书馆(1897—1992)》,商务印书馆,1992年,第657页。
② 久宣《商务印书馆——求新应变的轨迹》,西南财经大学出版社,2002年,第123页。

第五章　商务印书馆对中国教育学
发展的影响

　　作为现代出版业的肇端、文化界的"伯乐"、读书人的"精神乐园"，商务印书馆在中国文化史、出版史上留下了浓墨重彩的一笔。通过出版教科书、译介西方学术论著、出版国人自撰书籍等，商务印书馆在传播知识、普及文化、开启民智等方面做出了重大贡献，形成了商务传统、商务文化、商务人、商务品牌。更为重要的是，商务印书馆与中国近代学术范式现代化互为促进。教育现代化是商务印书馆对中国教育学发展产生影响的基础，商务印书馆与中国教育学共同发展，互为推动。就商务印书馆在中国教育学发展中的地位来看，通过教育学类出版物、《教育杂志》等刊发的教育学文章，商务印书馆引进和传播了西方教育学学术，积累和丰富了中国教育学资料，构建了中国教育学框架，促进了中国教育学交流，会聚了中国教育学人群。因此，商务印书馆作为一个出版机构，一个教育学术出版机构，在中国教育现代化及中国教育学发展中的作用和地位不言而喻。笔者认为，商务印书馆在今后的发展中，仍需要继承之前的出版经验和优良传统，兼顾学术和效益，打造教育学学术品牌，注重聚集教育学者在内的优秀编辑人才，构建书籍、期刊等为一体的学术交流平台，以中国教育学为基础传播西方教育学，以此更好地凸显在当前中国教育改革和中国教育学发展中的重要地位。

一、教育现代化——商务印书馆对中国教育学发展 产生影响的基础

"广义而言，现代化作为一个世界性的历史过程，是指人类社会从工业革命以来所经历的一场急剧变革。这一变革以工业化为推动力，导致传统的农业社会向现代工业社会的全球性的大转变过程。它使工业主义渗透到经济、政治、文化、思想各个领域，引起深刻的相应变化。狭义而言，现代化又不是一个自然的社会演变过程，它是落后国家采取高效率的途径（其中包括可利用的传统因素），通过有计划地经济技术改造和学习世界先进，带动广泛的社会改革，以迅速赶上先进工业国和适应现代世界环境的发展过程。"[①]商务印书馆于清末新政后出版教科书而得以迅速发展，中国教育现代化加速了商务印书馆的不断壮大。同时，商务印书馆在扶助教育的办馆宗旨下，亦开始出版大中小学教科书，译介西方教育学论著，出版国人自撰教育学论著，且创办了《教育杂志》《学生杂志》等教育期刊。通过对西方先进教育思想、教育学术的引进，对国内教育改革进行介绍、分析、评价，催生了中国教育学术"后发外生型现代化"[②]，使得我国教育学术与国际迅速接轨，带动了我国教育学术范式的急速变化和快速转型，进一步推动了中国教育的现代化进程。

（一）中国教育现代化与商务印书馆发展

鸦片战争是西方资本主义开始侵略中国的肇端，也是中国社会主动回应西方冲击而开启近代化的开始。在整个中国现代化的过程中，教育现代化是其重要组成部分之一，原因就在于教育以培养人才为最根本目的，且与一个国家的政治、经济、文化发展互相推动，影响一个国家、一个民族整体素质的高低，也从根本上决定着这个国家和民族的兴衰。就19世纪中叶以后

---

① 罗荣渠《现代化新论——世界与中国的现代化进程》，北京大学出版社，1993年，第16~17页。

② Levy.M.J.,*Modernization and the Structure of the Societies: A Setting for International Affairs*,1966,p.167.

的中国来说，封建教育的僵化和空疏导致的对人才的压抑和摧残，同样是中国近代受尽欺凌的重要原因。鉴于此，"当19世纪60年代中国早期现代化启动之时，传统教育的改革和教育现代化的追求就成为政府和民间共同关注的一个重要领域"①。

　　这一时期，政府及社会精英开始觉醒，维新运动、清末新政等改革活动相继兴起，通过兴办学堂、废除科举、颁行学制、成立各级教育管理机构等举措，改革传统教育，学习西方先进的教育理念，引进西方教育学论著。在中国教育现代化过程中，新式教科书、教育学著述成为各级各类学堂以及指导教育改革的急需品。在此契机下，各种出版机构、教育社团、教育期刊等或者获得发展机遇，或者应运而生。据统计，自1901年《教育世界》创刊以来，到1949年，中国近代教育期刊累计千余种，省级教育期刊400余种②，各种出版机构达54种，教育社团达123种，且自1900至1949年的各个时间段内呈现不断增加之态势。③商务印书馆于1897年创办，创办后不久便与中国教育现代化积极吻合。商务印书馆的创始人夏瑞芳较早地看到了教科书中蕴藏的商机，并注重教科书对教育的重大价值。张元济则明确"扶助教育"的宗旨，指出商务印书馆必须与教育共始终。王云五在自述中也曾指出，自1902年清末颁布壬寅癸卯学制后，商务印书馆便开始筹划和编辑新式小学教科书，成为中国当时自己编辑和出版教科书的"最老者"，也因"小学教科书"起家。此后，1922年学制以及民国政府教育部颁行的新课程标准于1932年实施等，又继续催生各出版机构"纷纷从事于新教科书编辑，以应需要"。④此时，商务印书馆虽经历"一·二八"之劫，但是仍在编辑中小学教科书，亦开始了大学教科书的编辑和出版。同时，商务印书馆还创办了《教育杂志》，并出版中西教育学论著，注重与中国教育现代化密切

---

① 田正平《应重视中国早期现代化问题研究》，《河北师范大学学报（教育科学版）》，2006年第3期。

② 顾明远《教育大辞典》（第10卷），上海教育出版社，1991年，第459～487页。

③ 田正平、商丽浩《中国教育期刊的现代化特征》，《高等教育研究》，2003年第1期。

④ 王云五《王云五文集6：岫庐八十自述》（上册），江西教育出版社，2011年，第229～230页。

结合。因此，在整个中国教育现代化进程中，商务印书馆因注重与教育现代化密切结合，教育类出版物不断增加，自1902年至1923年，出版物种类由15种27册增加至667种2454册。这也使得商务印书馆在获得巨大收益的同时，发展规模不断壮大。

（二）商务印书馆推动中国教育现代化

麦克卢汉指出，媒介的基本功能是"储存信息并加快信息传输。说穿了，储存信息也就是加快信息传输，因为贮存的东西比尚待搜集的东西更易于提取"[①]。因此，媒介的作用就在于将信息储存下来且传达到社会大众之中，而且这种力量是"一股解放的力量，因为它们能打破距离和孤立的藩篱，把人们从传统社会传送到'伟大社会'中"[②]。中国社会在从传统印刷业到近代出版业的诞生、发展中，印刷品、出版物作为媒介，成为社会大众接触各类信息、储存各类信息的重要中介。其中，商务印书馆作为近代出版机构，因之社会大变革和现代化进程中西方出版机构的介入和传统印刷业的转型而诞生。较之传统出版业，商务印书馆作为近代出版机构，出版物及其各类刊物更具专业性、时效性和针对性。正是因为商务印书馆的这些特点，使其在中国现代化、中国教育现代化过程中扮演了重要角色。可以说，商务印书馆因与中国教育现代化发展相吻合而得到不断发展，同时，作为一个出版机构，作为一种传播媒介，也因编辑教科书、出版教育学论著、创办教育类刊物而推动了中国教育现代化。

从商务印书馆出版的各级各类教科书、辞典以及各类参考书、杂志来看，其内容力图反映一定时期的教育方针和教育宗旨，且注重内容的科学化，并且符合学习者的心理和需求，因此迅速满足了各级各类学校的需求。同时，这些教科书也成为教育学研究者和教育学院参考研究的范本。厦门大学"教育学院为编制常用字典起见，前曾函请各大书局赠送各种小学教

---

① 〔加〕马歇尔·麦克卢汉《理解媒介：论人的延伸》，何道宽译，商务印书馆，2000年，第202~203页。

② 〔美〕韦尔伯·施拉姆《大众传播媒介与社会发展》，金燕宁等译，华夏出版社，1990年，第134页。

科书及儿童读物等各一份,借资参考",曾获得商务印书馆先后寄赠的"新时代初级小学教科书(九种,六十四册)、新学制初级小学教科书(五种,四十册)、新时代高级小学教科书(六种,十九册)、新学制高级小学教科书(六种,二十四册)、小学课程暂行标准(一册)、儿童读物(二十二种,四十四册)"[①]。教科书和辞典不仅满足了就学者的需要,社会各界民众通过阅读教科书、杂志等,也接触到了教育方面的新理念。就商务印书馆所办的函授学校来看,除了为商务印书馆开辟了一条宣传教科书和获取利益的道路外,也为很多人提供了学习机会。据1930年6月1日《纽约时报》的报道,商务印书馆的"函授学校,32000个中国人曾在那儿毕业,毕业后有进入各个政府机关,也有考入各专门大学,进求高深学问者"。就译介出版的教育学论著和刊发的文章来看,通过引进美日等国的教育学,以及对中国教育问题进行剖析,促进了教育观念的转变以及教育方法和教育技术的革新等。同时,有些西方教育学论著和国人自撰教育学论著作为教材,又使得中西教育学为之后的教育学研究者所吸收,促使其在相关思想的影响下形成思考,进而促成中国近代教育观念的革新,并推动中国教育学本土化、科学化和现代化。此外,对西方教育学分支学科的引进,使得中国教育学科得以借鉴和发展。

总体来看,商务印书馆编辑的新式教科书、出版的教育学论著以及刊发的教育类和教育学文章,所开展的各类教育实践活动,通过直面中国教育实践问题以及完善中国教育学发展,在很大程度上促进了中国教育的现代化。

二、商务印书馆在中国教育学发展中的地位

商务印书馆在百余年的发展中,其主要贡献突出体现在编写新式教材、译介西方名著、编纂工具书三个方面,而这三方面均与教育学发展关系

---

① 《商务印书馆赠送本校教育学院大批书籍》,《厦大周刊》,1930年第5期,第18页。

密切。商务印书馆通过图书出版和期刊发行，译介传播了西方教育学。更为重要的是，在引进西方教育学的基础上，商务印书馆刊发的国人自撰教育学文章、出版的国人自著教育学论著，又积累和丰富了中国教育学资料，构建了中国教育学框架。同时，因为图书和期刊的媒介与会聚作用，进一步推动并促进了中国教育学交流，会聚了中国教育学人群。因此，商务印书馆成为中国教育学发展中中国化、科学化、学科体系构建的重要平台，以及近代中国教育学发展、中国教育学现代化的重要阵地。

（一）传播了西方教育学学术

西方教育作为一种文化形态的介绍，可以追溯到明末清初，当时主要由传教士来进行。早在1620年，意大利传教士高一志（P.A.Vagoni，1566～1640）来华传教时，就写了一本《童幼教育》（共两卷）。这是目前所查寻到的我国最早介绍西方教育的著作。1623年，另一位意大利传教士艾儒略（P.J.Aleni，1582～1649）在杭州刊印了《西学凡》和《职方外纪》。[①]然而，早期的这种介绍极少。到了19世纪，西方教育在中国的介绍最早依旧是由传教士来进行的。最早较为系统地介绍西方教育制度的是1873年由德国同善会传教士花之安（E.Faber，1839～1899）在华出版的《德国学校论略》或《泰西学校论略》（又名《西国学校》）。该书旨在介绍德国等西方国家的学校教育制度，是当时较有影响的一部介绍欧洲教育制度的著作，也是鸦片战争后第一部系统地导入西方近代教育的专著。[②]除此之外，还有一些介绍西方教育的书，如英国传教士李提摩太的《新学八章》，美国传教士林乐知所译的《文学兴国策》等。这些著作也对西方教育制度做了介绍。作为一门学科的西方教育学的引进，"以《教育世界》第9、10、11号（1901年9～10月）连载的，日本文学士立花铣三郎讲述、王国维翻译的《教育学》为

---

① 蔡振生《近代译介西方教育的历史考察》，《北京师范大学学报（社会科学版）》，1989年第2期；肖朗《近代西方教育导入中国之探源——艾儒略与明末西方教育的导入》，《教育史研究》，1999年第2期。

② 肖朗《花之安〈德国学校论略〉初探》，《华东师范大学学报（教育科学版）》，2000年第2期。

起点"①。此后,学校卫生学、学校管理法等教育学分支学科均通过《教育世界》被引进。

　　由此可知,商务印书馆并非最早引进西方教育学的机构,却是译介出版西方教育学论著最多的出版机构。如前所述,自1903年起至1949年,商务印书馆共译介出版192本西方教育学论著,与20世纪上半叶国人引进的248本国外教育学著作相比,占77.42%。商务印书馆译介了教育学、教育社会学、教育哲学、教育心理学、教授法等各分支学科。杜威、斯宾塞、桑代克、裴斯泰洛齐、蒙台梭利等知名教育家和教育学家的教育思想与教育著作均被介绍,有些还以汉译世界名著、大学丛书、师范丛书等系列为国人所熟知。同时,《教育杂志》的新刊介绍、世界教育新潮等板块,进一步传播了欧美等国的教育学。因此可以说,商务印书馆通过出版图书、办专业的教育期刊,引进和传播了西方教育学术,为中国教育学的发展提供了可资借鉴的模板,也使中国教育学得以在此基础上迅速成长。

(二)积累了中国教育学资料

　　人类社会从古至今创造的文化,其中绝大多数都是依靠出版物保存下来的。从这个意义上讲,出版物是人类精神成果的载体,也是人类社会历史的载体。经过出版物对各代文化、历史资料的积累,人类社会可以借助之前的出版物继续研究,以推动人类社会的发展。因此,商务印书馆出版的各类教育学书籍、刊发的教育学文章以及出版的教科书等,永久保存了当时国人的教育思想和教育理念,也保存了中国教育学资料,对于积累和丰富中国教育学资料,发挥了巨大作用。

　　首先,就商务印书馆出版的教育学论著、刊发的教育学文章来看,成为当时甚至是现在中国教育学研究中必不可少的资料,其中如杜威《民主主义与教育》、卢梭《爱弥儿》、裴斯泰洛齐《贤伉俪》、斯宾塞《教育论》,以及其他各国,尤其是美国的教育学原理、教育社会学、教育心理学、教育财

---

① 周谷平《近代西方教育学在中国的传播及其影响》,《华东师范大学学报(教育科学版)》,1991年第3期。

政学等分支学科, 德国文化教育学、苏联的马克思主义教育学等, 都是中国教育学发展中绕不开的重要话题。不仅如此, 中国教育学人自撰的教育学论著, 更具有重要的资料价值。可以说, 自中国教育学诞生之日起, 国人便努力谋求教育学与中国本土实际相结合。在这一过程中, 国人自撰的教育学著作开始涌现, 商务印书馆亦出版了诸多相关著作。这些著作一方面丰富了当时中国教育学的构成, 充实了中国教育学资料, 也成为目前中国教育学研究中必须参考和研习的著作。此外, 一些研究者也借助商务印书馆以及其他出版机构出版的教育学著作, 梳理了中国教育学发展及其各个分支学科的发展史, 以求为中国教育学更好的发展提供借鉴。同时, 各分支学科在研究本学科发展史时, 也借助商务印书馆出版的相关著作, 将著作作为分支学科发展的依据。

其次, 就商务印书馆出版的教科书来看, 于当时而言主要是服务于大中小学生, 于现在来说, 也成为研究者研究教育史、课程与教学等必不可少的资料, 如石鸥《百年中国教科书论》对中国第一套现代教科书——商务印书馆《最新教科书》编写的基本特征、历史意义以及第一套以政体命名的教科书——商务印书馆1912年《共和国教科书》系列的缘起、概况、国文、修身系列进行了研究。[①]

最后, 《教育杂志》刊载的中外教育动态、我国教育改革等, 也成为研究中外教育史的必备资料。《教育杂志》每期均会介绍欧美、日本、朝鲜等国的教育实况, 也会对我国各地的教育实况、各校的办学情况等进行介绍。教育史研究者借助相关文字、照片等, 可以再现当时的教育实况, 也可以分析其中的教育思想和教育理念。

(三)构建了中国教育学框架

一般来说, "教育学"主要有两义: 第一, 作为一门教育基础学科的教

[①] 石鸥《百年中国教科书图说: 1897—1949》, 湖南教育出版社, 2009年; 石鸥《百年中国教科书论》, 湖南师范大学出版社, 2013年; 石鸥、吴小鸥《简明中国教科书史》, 知识产权出版社, 2015年。

育学或作为一门师范学校课程的教育学；第二，作为教育学科群总称的教育学。就第一种含义来说，教育学内部会按照相关依据进行框架划分，如赫尔巴特《普通教育学》的框架为"一、教育的一般目的，分为儿童的管理和真正的教育；二、兴趣的多方面性，分为多方面性的概念、兴趣的概念、多方面兴趣的对象、教学、教学的过程、教学的结果六部分；三、性格的道德力量，分为究竟什么叫作性格、论道德的概念、道德性格的表现形式、性格形成的自然过程、训育、训育特殊性的考察"[1]。当然，不仅是赫尔巴特《普通教育学》融合了教育学框架划分的思考，商务印书馆出版的其他西方教育学论著亦有如此思考，这就为构建中国教育学框架提供了借鉴。

同时，商务印书馆出版的国人自撰教育学论著也体现了构建中国教育学框架的努力。如孙振在《教育学讲义》（1926）中将教育学分为理论教育学和应用教育学，理论教育学有目的论、方法论，方法论又分为教学、训育、美育、体育，应用教育学分为家庭教育、学校教育和社会教育，学校教育又分为各科教学法、教育制度论（教育行政）、学校组织法、学校卫生。此外，孟宪承、范任宇等编写的《教育概论》《教育通论》等也体现了确定教育学编写框架的努力。其中孟宪承《教育概论》（1932）的目录为：儿童的发展、社会的适应、教育机关、学校系统、教育行政、小学组织、课程、教学、教师的专业。因此可以说，商务印书馆出版的中西教育学论著，体现了作为一门教育学基础学科的教育学框架构建的努力，成为之后中国教育学框架构建的参照。

就教育学作为教育学科群总称来看，教育学分化为多门教育学分支学科。商务印书馆出版的中国教育学论著亦体现了教育学学科的分化，并构建了较为齐全的学科分支体系。自1903年起至1949年，商务印书馆出版的国人自撰教育学论著涉及了教育学、教育概论、教育通论、教育原理、教学法、课程论、德育原理、幼稚教育、初等教育、中等教育、大学教育、特殊教育、家庭教育、社会教育、民众教育、成人教育、职业教育、电化教育、师范

---

[1] 陈桂生《教育学的建构》，华东师范大学出版社，2009年，第120页。

教育、农村教育、乡村教育、教育哲学、教育社会学、教育心理学、学校管理（行政）、教育行政、学校卫生、中国教育史、外国教育史、比较教育、教育科学、教育研究方法、教育统计学、教育测验与统计、教育测验、教育生物学等多个分支学科，构建了一个较为庞大且比较齐全的中国教育学学科群，使得中国教育学在此基础上继续发展。

（四）促进了中国教育学交流

出版物除具有保存和记载知识这一最基础的功能外，还因是重要的宣传舆论工具和载体，具有宣传思想、教育群众、传播知识、交流信息、表现艺术的功能。[①]就传播和交流功能来看，出版物作为一种中介，使知识可以在人与人之间、部门与部门之间、地区与地区之间、国家与国家之间进行传播和交流。商务印书馆出版的中西教育学书籍、刊载的中西教育学文章，一方面促成了中西教育学、中西教育间的交流，而这种"交流是为了吸收和借鉴并进而创新，这是任何一个国家和民族开展教育交流最初的出发点和最终的归宿"，其交流的价值和作用"具体到一个国家或一个民族而言，就是如何正确认识和把握外来先进教育经验与本国国情的关系"。[②]另一方面，商务印书馆的相关出版物，还促成了中国教育学界的内部交流，成为中国教育学人的交流平台。

就商务印书馆出版的西方教育学论著以及刊载的西方教育学文章来看，涉及美国、日本、英国、德国、法国、比利时、瑞典等国的教育学及知名教育家的思想，这首先是一种不同国别、不同国别教育学的交流。同时，中国教育学人还对西方教育学书籍、教育学文章等进行了加工和分析，在他们的书籍和文章中，注重评析杜威实用主义教育哲学、蒙台梭利教学法、道尔顿制、设计教学法等。如常道直等人对杜威实用主义教育哲学进行了再现和评价，前述也曾提到高凤谦参观蒙台梭利幼儿之家后，曾在《教育杂志》发表文章，对蒙台梭利教学法进行了分析，而设计教学法、道尔顿制亦如

---

① 吴秀丽《出版物编辑与发行》，辽宁大学出版社，2013年，第29页。

② 田正平、周谷平、徐小洲《教育交流与教育现代化》，浙江大学出版社，2005年，第11页。

此。国人的相关实验以及《教育杂志》对克伯屈、柏克赫斯特等人的介绍，使国人加深了对西方教育学的理解，加强了与西方教育学家的交流。

商务印书馆出版的中国教育学论著和刊载的中国教育学文章，加强了中国教育学人的学术交流。比如，姜琦在发表《中国教育哲学体系问题之研究》一文时，开篇便提道："我在本志上期声明过邱椿先生的那篇关于讲授教育哲学的几个问题之讨论里面所提出的第二与第三两个问题部分，可以分做两部分来讨论，本文就是它的后一部分。"[①]在该文中，他还提道："对于这一个问题之研究，曾经发表过《中国教育需要那一种哲学——读了吴俊升先生中国教育需要一种哲学以后》一文（见本志第二十五卷第一号）把它讨论一过了，此地本来无须再说。"由此观之，姜琦通过《教育杂志》《大公报》，阅读了吴俊升、邱椿等人的文章，并将自己的观点与之交流。因此，商务印书馆出版的教育学著作，尤其是《教育杂志》刊载的教育学文章，成为中国教育学人交流学术、切磋学术的重要媒介。此外，商务印书馆还注重出版中小学教师的书籍并刊载其文章，这又密切了一线教师与教育学界的关系，更加有益于教育教学实践改革。

（五）会聚了中国教育学人群

毋庸置疑，知识分子群体与媒介有着天然的联系和密不可分的关系。无论是在古代中国还是在西方，当时的智识阶层都会借助一定的媒介传授知识、传播思想、延续文化。以中国来看，早在西周、春秋等时期，孔孟等先儒便借助传统的简、帛等保存思想和传播文化。此后，随着纸张、雕版印刷术的发明，古代知识分子开始与书籍如影随形。晚清时期，新式学堂、传媒和社团的出现，形成了"知识人社会"，活跃其间的是现代知识分子。借助近现代传媒，知识分子实现了现代转型。近现代媒介有出版机构、各类报刊等。事实上，这些近现代媒介不单是媒介，还成为聚集知识分子的阵地。就此来看，商务印书馆作为一个拥有各类出版物、期刊的媒介，已经不再是一

---

① 姜琦《中国教育哲学体系问题之研究》，《教育杂志》，1937年第27卷第9～10号。

个单纯的媒介，而成为聚集诸多知识分子的公共活动空间和重要平台。[①]
在此，商务印书馆在推动中国教育学发展中，已经成为造就和培育中国教育学人的平台和公共空间，且中国教育学人与商务印书馆主要是一种和谐共生的关系，中国教育学人的成果因商务印书馆的存在而得到推广和宣传，商务印书馆因中国教育学人群的存在，教育学成果不断丰富，而且成功办理《教育杂志》等。

可以说，商务印书馆一方面聚集了来自教育学学科的学术精英，周太玄、邱椿、吴俊升、罗廷光、常道直、邰爽秋、古楳、李石岑、赵廷为、程其保等中国教育学人不胜枚举，他们或是商务印书馆的编辑，或是通过出版书籍而聚集在商务印书馆周围的大学教授，或是二者身份兼具，且借助当时最大的教育类刊物《教育杂志》发表文章或出版教育学论著，为教育问题以及教育学发展贡献自己的力量。另一方面，商务印书馆还聚集了教育学学科的学术新秀，他们有些成为新中国教育界的知名大家，如朱智贤、王承绪、陈科美、孟宪承、姜琦等人。因此，商务印书馆成为会聚中国教育学人的大舞台，而中国教育学人依托商务印书馆"善舞长袖"，完善和充实了自己的学识，进一步推动了中国教育学的发展。

三、商务印书馆推动中国教育学发展的启示

商务印书馆于1903年开始出版教育学类书籍，《教育杂志》于1909年创刊并对中西教育、教育学进行介绍和分析，这标志着商务印书馆开始与中国教育学发展产生了联系。此后，商务印书馆为中国教育学的发展做出了巨大的贡献。因此，我们很有必要对当时商务印书馆如何推动中国教育学发展的做法和经验进行总结，以为当前商务印书馆以及其他教育学术出版机构推动中国教育学发展提供借鉴。总体来说，教育学术出版机构应从以下四方面着力，即兼顾学术和效益打造教育学学术品牌，注重聚集教育学者在

---

① 史春风《商务印书馆与中国近代文化》，北京大学出版社，2005年，第192页。

内的优秀编辑人才,构建书籍、期刊等为一体的学术交流平台,以中国教育学为基础传播西方教育学。

(一)兼顾学术效益和经济效益打造教育学学术品牌

追求利益、不出亏本书,是出版社经营中奉行的基本原则。商务印书馆在发展初期,无论是出版教科书,还是字典词典等,主要以销路广且获取丰厚的利润为第一位。因此,鉴于销路、盈利等考虑,初期出版的学术书籍较少。蔡元培于1914年在写给吴稚晖的信中曾提道:"而商务之纯粹营业主义,不肯稍提盈余以应用于开辟风气,且为数年之后销路计,亦可谓短视者矣。"[1]随着营业额的不断增加,视野的逐步开阔,扶助教育和匡扶文化宗旨的日益坚定,商务印书馆不再完全考虑经营效益,而是开始兼顾学术,注重出版学术书籍,教育学类学术书籍也在其中。

在出版教育学类书籍时,商务印书馆注重打造教育学学术品牌,形成了"汉译世界教育名著""现代教育名著""教育丛书""师范丛书""师范小丛书""百科小丛书""中华儿童教育社丛书""幼稚教育丛书""心理学丛书""公民教育丛书""乡村教育丛书""中华职业教育社职业教育丛刊""中华教育改进社丛书""中华教育改进社丛刊"等多个特色品牌。其中,"现代教育名著"有19本,包括梅伊曼《实验教育学》、桑代克《教育心理学》、博比特《课程》等;"汉译世界教育名著"包括赫尔巴特《普通教育学》、斯宾塞《教育论》、卢梭《爱弥儿》、杜威《思维与教学》、夸美纽斯《大教学论》等;其他"教育丛书""师范丛书"等则根据不同学校的需求和学习者参考的需要,汇集了中西方教育学论著。因为商务印书馆出版的各个系列均是教育学科内的经典著作,所以成为当时研习教育学的学生以及研究者学习和参考的必备书目,在满足学生和研究者需求的同时,这些著作因刊发量大,实际上也为商务印书馆带来了相应的收益,实现了学术效益和经济效益的统一。此外,商务印书馆出版的教育学类著作因为作者大多

---

[1]　高平叔《蔡元培年谱长编》(第1卷),人民教育出版社,1998年,第546页。

数是教育学科的领军人物, 阅读者多是教育学研习者, 又将权威学者和后继者聚拢其中, 积累了人才。对于此点, 董纯才曾回忆自己上大学后仍然读商务印书馆翻译出版的教育学论著, 在回忆中他写道: "我仍然阅读课外读物, 多半也是商务出版的, 如赵叔愚译的《乡村教育经验谈》(现代教育名著)、邹恩润著译的一些教育著作和美国杜威的《明日之学校》等书。"[1]而后, 董纯才亦成为商务印书馆的作者。因此, 兼顾学术效益和经济效益打造出版品牌、打造教育学术出版品牌, 对出版社来说意义重大。出版社应该具有长远的眼光, 在考虑经济效益的同时注重鼓励和辅助学术, 实现二者的有效统一。同时, 还要注重集合教育学学科优势和人才优势, 出版"精、专、特、新"的图书, 形成自己的特色品牌和竞争优势。

(二) 注重聚集教育学者在内的优秀编辑人才

编辑对于出版物质量的不断提高有着至关重要的作用。总体来说, 商务印书馆的编辑大都具有良好的知识储备。单以《教育杂志》的编辑、主编为例, 李石岑、周予同、唐钺、何炳松、黄觉民、赵廷为等均是毕业于高等师范学校或是清华大学, 并且留学美国、欧洲、日本的高才生, 而且归国后还担任暨南大学、大夏大学、北京大学、清华大学、北京师范大学等校教育学、心理学教授, 有教育学、心理学方面的著述, 也对中国教育、教育学的现状和未来有明确和清醒的认识。同时, 因为学缘、业缘、地缘等因素,《教育杂志》的编辑可以同近代知识界与教育界人士保持良好的联系, 这有利于向教育界与知识界征集稿件, 提高《教育杂志》的稿件质量, 扩大《教育杂志》的影响力。[2]此外, 商务印书馆的编辑中还有庄俞、蒋维乔、蒋梦麟、吴研因、范寿康等, 他们均是知名的教育家、教育学家, 也和《教育杂志》主编的背景相仿, 大多数是高师毕业, 或是留学欧美, 或是专门修习教育学专业, 有良好的教育学术功底。就此来看, 商务印书馆注重聚集各个专业的

---

[1] 董纯才《从读者到作者》,《商务印书馆九十年: 我和商务印书馆 (1897—1987)》, 商务印书馆, 1987年, 第381页。

[2] 王有亮《〈教育杂志〉与近代教育考论》, 中央民族大学出版社, 2012年, 第94~96页。

知名学者,因而教育学家也被吸纳其中。这些教育学家从教育学学科、学术以及专业的视角出发,推动了中国教育学学术著作、教材以及教科书的编辑和出版。

当前,出版社在选择编辑人才时,要注重吸收优秀的专门编辑人才,关注其专业知识和广博知识的同时,也应该吸收一些各学科、各专业的知名学者担任编辑,参与或负责相关书籍的选稿、编辑工作。就出版社、教育学术出版社的编辑队伍来说,除要一些专职的编辑外,也要与各大学教育学院密切沟通,吸收知名的教育学教授担任编辑,这样有助于从专业视角出发,推动教育学类书籍、教科书等的编辑和出版,也可以密切教育学术界的沟通和交流,从而以出版社为中介,形成一个良性互动的平台,使出版物更能符合教育学界和教育界的需求。

(三)构建书籍、期刊等为一体的学术交流平台

出版社及出版工作的最终成果是出版物,出版物是出版工作与社会发生作用的基本媒介,也是连接出版社、编辑、作者和读者的媒介。一般来说,出版物包括图书、报纸、刊物、音像制品、电子出版物几大类。不同出版物的特点和性质不同,表现形式和功能也有所差异。商务印书馆在推动中国教育学发展时,形成了包括书籍、刊物在内的出版物,为中国教育学人、中国教育界搭建了双重平台。其中,商务印书馆出版的教育学著作,以其内容的稳定性、体系和文体的相对完整性,实现了较强的积累和传播功能。商务印书馆所办的《教育杂志》,通过连续出版且注重时效,不同刊期注重不同内容侧重等,实现了传播教育学、教育信息的即时性。比如,《教育杂志》设有家庭教育专号、职业教育专号、道尔顿制研究专号,专门就某一问题集中进行探讨,即时推动了学界及全社会对某一主题的关注。此外,《教育杂志》还刊布最新的教育法令和政策,以广告的形式发布商务印书馆出版的教科书信息,刊载世界最新教育资讯和教育学动态,介绍西方教育学论著等。这些板块有些与商务印书馆出版的书籍互为补充,形成强劲的宣传力度。

可以说,商务印书馆构建了书籍、期刊为一体的学术交流平台,这使得

中国教育学人的系统教育学论著可以通过书籍整体体现，也可以使其最新思考及时得到传播。当前，出版机构在推动中国教育学发展时，要注重多位一体的学术交流平台的构建，在出版图书的基础上，适当地融合教育期刊、教育音像制品以及教育类网站等，多方位发挥各类媒介的功能，以推动中国教育学发展。

（四）以中国教育学为基础传播西方教育学

在中西交流不断加强的情形下，出版社在出版相关书籍时，不可避免会译介西方著作以及出版国人著作，这便涉及西方学术和中国学术的关系问题。20世纪上半叶，商务印书馆在译介西方教育学论著和出版国人自撰教育学论著时，经历了由20世纪初期最先直译西方教育学论著，到1915年以后译介时已能结合中国的实际，根据自己的需要弃取西方教育学内容，做些变通和变异，如邹恩润在其编译的《职业教育研究》（1923）的"编译赘语"中明确指出："本书内容多取材于先进国家关于职业教育之名著……并参酌以本国实际需要。"赵演在改译美国学者查浦曼（J.C.Chapman）、康茨（G.S.Counts）的《教育原理》（1935）时，在"译者序"中明确提出："鉴于该书例证全系采自美国，且处处就美国情况而论，故译者采取改译的办法。一切外国材料不能适用者，尽行删除，易以中国材料。且设法就中国情况而论，使读者觉得书中所讨论的即是中国的教育原理。"虽然译者也声明"此种理想未能充分达到"，但已说明中国教育学者开始重视引进与中国教育实践的结合。

鉴于中国没有教育学，商务印书馆在早期传播教育学时主要以完全传播西方教育学为主，这为中国教育学提供了可资借鉴的模式，也促进了与国外的接轨。然而，商务印书馆并没有完全不顾国情传播西方教育学，而是在如邹恩润、赵演等作者的努力下，或是注重取材国外而依据中国实际，或是完全根据本国国情自撰教育学论著，更多致力于解决中国教育的实际问题。

在此，出版社在传播和引进西方学术著作时，必须处理好中西、本土和国外的关系。因为教育学作为一门源于西方的学科，引进与吸收是十分必要的工作，但是这种引进与吸收工作不与中国化的过程相结合，教育学在中国20世纪上半叶是不可能建立起来的。因此，出版社要注重译介出版西方教育学论著，但是必须考虑到中国教育、中国教育学，同时在中国教育传统和现代教育实践基础上凝练中国教育学，最终实现中西教育学的良好互动和彼此交流。

附　录

一、20世纪上半叶商务印书馆与中国教育学发展大事记

1897年

2月11日　商务印书馆创立。

1898年

出版《华英初阶》《华英进阶》。

1902年

张元济进馆。

1903年

高凤谦（梦旦）进馆、蒋维乔（竹庄）进馆、庄俞（百俞）进馆。

编印小学《最新教科书》。

张元济接任商务印书馆编译所所长。

1904年

涵芬楼创办。

《东方杂志》创刊，编印《女子小学教科书》，出版《最新中学教科书》。

1905年

设小学师范讲习所，并设附属小学。

1907年

停办小学师范讲习班，附属小学改组为尚公学校，由蒋维乔任校长。尚公学校历任
　校长为蒋维乔、徐念慈、徐宗鉴、庄俞、吴研因、沈百英。

1909年

《教育杂志》创刊,历任编辑有陆费逵、朱元善、李石岑、唐钺、周予同、何炳松、
　黄觉民、赵廷为、李季开等。

办商业补习学校,张元济首任校长。办艺徒学校。

出版蒋维乔《学校管理法》,是国人自撰的第一本学校管理著作。

养真幼稚园创办于美华书馆。

1910年

办师范讲习社。

张元济出国考察教育、印刷、出版事业。

1913年

出版谢荫昌《社会教育》,是国人自撰的第一本社会教育著作。

养真幼稚园正式命名且由商务印书馆津贴经费。

1914年

创制教育幻灯片。

《学生杂志》创刊。

1915年

创办函授学社,张元济兼任社长。

《英文杂志》《英语周刊》创刊。

尚公学校定名为商务印书馆私立尚公小学校。

1916年

出版周维城《特别教育》,是国人自撰的第一本特殊教育著作。

尚公学校新厦落成。

印行通俗教育画,编印《小学实用教科书》。

1917年

蒋梦麟、吴研因进馆。

1918年

制造教具、玩具。

高梦旦任编译所所长。

1919年

编印《新体国语教科书》八册, 由庄适、黎锦熙等编校, 是我国第一部语体文教
　科书。

1921年

杨贤江、周予同、李石岑、王云五进馆。

杨贤江任《学生杂志》主编。

1922年

朱经农、唐钺、陶孟和、范寿康进馆。

《儿童世界》创刊, 郑振铎任主编。

出版陶孟和《社会与教育》, 是国人自撰的第一本教育社会学著作。

1月　尚公学校应教育思潮的变迁, 改组为试验性质的学校, 正式命名为尚公学校。

9月20日　《教育杂志》开设"现代教育思潮号"。

11月20日　《教育杂志》开设"道尔顿制专号"。

1923年

出版"现代教育名著"。

出版顾复编《农村教育》, 是国人自撰的第一本农村教育著作。

出版陶知行(行知)主持的平民教育会编《平民千字课》和《千字课挂图》。

6月20日　《教育杂志》开设"赔款办学计划专号"。

8月20日　《教育杂志》开设"性教育专号"。

1924年

何炳松进馆。

创办上海国语师范学校, 聘吴稚晖为校长。

1月20日　《教育杂志》开设"小学各科教学法号(上)"。

2月20日　《教育杂志》开设"小学各科教学法号(下)"。

10月20日　《教育杂志》开设"小学教育参考书专号"。

1925年

出版华超编《教育测验纲要》以及陈兼善、高卓《教育之生物学的基础》, 分别是国
　人自撰的第一本教育测验著作和教育生物学著作。

1月20日　《教育杂志》开设"职业教育专号"。

4月　商务印书馆总务处将养真幼稚园并入尚公学校，且在修购宝山路后专拨房屋及园地供养真幼稚园使用，此后逐步正规并不断发展。

6月20日　《教育杂志》开设"中等教育专号"。

1926年

出版王海初《西洋教育小史》、庄泽宣《职业教育概论》，分别是国人自撰的第一本外国教育史著作和职业教育学著作。

1月　出版康德著、瞿菊农译的《康德论教育》。

1927年

出版喻谟烈编《乡村教育》，是国人自撰的第一本乡村教育著作或教材、讲义。

2月20日　《教育杂志》开设"幼稚教育专号"。

3月16日　克伯屈夫妇到尚公学校参观。

9月20日　《教育杂志》开设"平民教育专号"。

10月20日　《教育杂志》开设"城市平民教育专号"。

1928年

办图书馆讲习所和励志夜校。

2月　出版张九如《三民主义教育学》，是第一本系统宣扬三民主义教育原理的教育学著作。

1929年

商务印书馆编印"汉译世界名著丛书"。

何炳松任编译所所长。

5月20日　《教育杂志》开设"实验小学教育专号（上）"。

6月20日　《教育杂志》开设"实验小学教育专号（下）"。

1930年

6月20日　《教育杂志》开设"现代世界教育专号（上）"。

7月　出版《教育大辞书》，由范寿康、华超、陈博文等编纂，唐钺、朱经农、高觉敷先后主持。

7月20日　《教育杂志》出版"现代世界教育专号（下）"。

1931年

编印《最近三十五年之中国教育》(纪念商务印书馆创业三十五周年)(1932),内
　　收专文十六篇,最后一篇为庄俞《三十五年来之商务印书馆》。

7月　出版雷通群《教育社会学》,是国人公开出版并以"教育社会学"为书名的教
　　育社会学教材。

8月20日　《教育杂志》开设"成人教育专号"。

1932年

"一·二八"事变,日本帝国主义进犯淞沪。商务印书馆总管理处、总厂及编译所、
　　东方图书馆、尚公学校被炸焚毁,损失巨大,被迫停业,解雇全部职工。

编印《大学丛书》,其中,朱经农、李建勋、何炳松、陶孟和、蒋梦麟、欧元怀均为大
　　学丛书编委会成员。

1月28日　《教育杂志》停刊。

8月1日　商务印书馆复业,实行日出新书一种。

10月16日　《东方杂志》开设"教育专栏",以补《教育杂志》停刊之不足。

1933年

出版孟宪承《大学教育》,是国人自撰的第一本大学教育著作。

函授学校改名为上海私立商务印书馆函授学校。

编印《复兴教科书》《小学生文库》。

1934年

9月10日　《教育杂志》复刊,其重要使命之一就是创造独立的教育理论和方法。

1935年

出版吴俊升《德育原理》,是国人自撰的第一本德育原理著作。

7月10日　《教育杂志》开设"中国教育学会主编师资训练专号"。

8月10日　《教育杂志》开设"上海市推行识字教育专号"。

1936年

1月　《教育杂志》开设"课程问题专号"。

1938年

《东方杂志》《教育杂志》《儿童世界》《少年杂志》在港编印。

商务印书馆函授学校划归商务总管理处编审部管理,聘请专人为编审员和编译员。

6月　商务印书馆扩充了函授学校,修订了函授学校的章程,改设中学部和大学部。

1941年

1月10日　《教育杂志》开设"抗战以来的高等教育专号"。

7月10日　《教育杂志》开设"抗战四周年纪念号"。

11月10日　《教育杂志》开设"历史教育特辑"。

12月　《教育杂志》第二次停刊。

1943年

《东方杂志》复刊。

6月　出版罗廷光《教育行政》（上、下册）。该书第一次比较系统地尝试运用哲学、科学、历史、比较的方法研究教育行政问题。

1944年

《学生杂志》复刊。

1946年

朱经农任商务印书馆总经理兼编审部部长。

1947年

7月1日　《教育杂志》开设"战后中国教育专号（上）"。

8月1日　《教育杂志》开设"战后中国教育专号（下）"。

9月1日　《教育杂志》开设"基本教育专号"。

1948年

编印《国民教育文库》第一集九十八种。

1月1日　《教育杂志》开设"中国教育学会年会专辑"。

4月1日　《教育杂志》开设"教育心理研究专辑"。

8月1日　《教育杂志》开设"中学教育专号"。

11月1日　《教育杂志》开设"社会教育专辑"。

资料来源:《商务印书馆110年大事记（1897—2007）》,商务印书馆,2007年;侯怀银《中国教育学发展问题研究——以20世纪上半叶为中心》,山西教育出版社,2008年等。

二、20世纪上半叶商务印书馆出版的西方教育学著述

1903年

〔日〕植山荣次《新说教授学》,商务印书馆编译所译,1903年。

〔日〕陶森甲编译《日本学校章程丛编》,1903年。

〔日〕加藤驹二《德国学校制度》,1903年。

〔日〕《日本武备教育》,商务印书馆编译,1903年。

1904年

〔日〕邵羲《学校管理法问答》,1904年。

〔日〕高岛平三郎《教育心理学》,田吴照译述,1904年。

1906年

〔日〕祷苗代《日本教育行政法》,1906年。

1907年

〔日〕濑川昌耆《学校卫生学》,1907年。

1908年

〔日〕黑田茂次郎等《日本明治学制沿革史》,1908年。

〔日〕小泉又一《欧美教育实际》,1908年。

1909年

〔日〕吉田熊次《新教育学》,蒋维乔译,1909年。

〔日〕森冈常藏《各科教授法精义》,白作霖编译,1909年。

1910年

〔日〕黑田定治、土肥键之助《学校管理法要义》,谢冰、易克枲译,1910年。

1912年

华南圭译述《法国公民教育》,1912年。

1914年

〔日〕中岛半次郎《中外教育史》,周焕之、韩定生译,1914年。

〔日〕黑田定治、土肥键之助《学校管理法要义》,谢冰、易克枲译,1914年。

1916年

朱景宽编译《职业教育论》，1916年。

陈寿凡译述《欧美列强国民性之训练》，1916年。

1917年

朱元善译述《职业教育真义》，1917年。

1921年

〔美〕密勒《密勒氏人生教育》，郑宗海、俞子夷译，1921年。

姜琦编译《西洋教育史大纲》，1921年。

〔美〕杜威讲演、金海观等笔记《杜威教育哲学》，1921年。

1922年

〔美〕杜威讲述、常道直编译《平民主义与教育》，1922年。

〔美〕斯达奇《教育心理的实验》，戴应观译，1922年。

〔美〕格累甫兹《近代教育史》，吴致觉译，1922年。

王凤喈编译《西洋教育史纲要》，1922年。

〔日〕关宽之《儿童学》，朱孟迁等译，1922年。

〔法〕宾尼特、欣蒙《儿童心智发达测量法》，费培杰译，1922年。

1923年

〔瑞典〕爱伦凯《儿童的教育》，沈泽民译，1923年。

〔日〕松本亦太郎、酋崎浅次郎《教育心理学》，朱兆萃、邱陵译，1923年。

〔美〕斯内登《公民教育》，陶履恭译，1923年。

康绍言、薛鸿志编译《设计教学法辑要》，1923年。

〔美〕杜威《道尔顿研究室制》，钱希乃、诸葛龙译，1923年。

〔英〕细拉《儿童之训练》，陈鸿璧译，1923年。

林本译《道尔顿式教育的研究》，1923年。

1924年

〔日〕入泽宗寿《新教授法原论》，罗迪先译，1924年。

〔美〕吉特《教育之科学的研究》，郑宗海译，1924年。

〔美〕波特《教育哲学大意》，孟宪承译，1924年。

〔美〕爱德华《学习之基本原理》，钱希乃、祝其乐译，1924年。

〔美〕帕克《普通教学法》，俞子夷译述，1924年。

〔美〕爱默生《教育理想发展史》，郑梦驯译，1924年。

〔美〕麦克牟利《启发式的教学法》，李振南译，1924年。

〔美〕柏克赫司特《道尔顿制教育》，曾作忠、赵廷为译，1924年。

1925年

周昌寿编译《自然科学及其教授法》，1925年。

〔美〕史屈朗《教育心理学导言》，朱定钧、张绳祖译，1925年。

刘建阳编述《教育之社会原理述要》，1925年。

〔美〕罗曼《欧洲新教育》，李大年译，1925年。

〔日〕浅野驯三郎《教育问答》，甘浩泽译，1925年。

〔美〕科尔文《学习心理》，黄公觉译，1925年。

〔美〕勒维特、布朗《小学职业陶冶》，杨鄂联、彭望芬编译，1925年。

〔美〕庞锡尔《设计组织小学课程论》，郑宗海、沈子善译，1925年。

1926年

〔美〕格利哥莱《教学的七个法则》，严既澄译述，1926年。

〔美〕锐甫《中学教学法》，孙邦正译，1926年。

〔美〕约翰生·亨利《历史教学法》，何炳松译，1926年。

〔德〕康德《康德教育论》，瞿菊农编译，1926年。

〔德〕启享斯泰因《教育家的精神》，1926年。

〔美〕商戴克《教育心理学概论》，陆志伟译，1926年。

〔美〕布蓝晨《设计教学地理教授法》，郑贤宗译，1926年。

〔美〕麦甘佛《女子职业训练谈》，1926年。

〔美〕古力非此《职业心理学》，邹恩润编译，1926年。

〔美〕毕德曼《乡村教学经验谭》，赵叔愚译，1926年。

1927年

〔美〕桑代克《桑代克教育学》，陈兆蘅译，1927年。

〔美〕克伯屈《教育方法原论》，孟宪承、俞庆棠译，1927年。

〔美〕杜威《明日之学校》，朱经农、潘梓年译，1927年。

〔美〕雷斯德《现代心理学与教育》，钟鲁斋、张俊玗译，1927年。

1928年

〔德〕来伊《实验教育学》，金澍荣、黄觉明重译，1928年。

〔美〕密利斯夫妇《中学教学法之研究》，程其保译，1928年。

〔美〕波比忒《课程》，张师竹译，1928年。

〔美〕司各尼林《苏俄之教育》，许崇清译，1928年。

〔美〕杜威《民本主义与教育》，邹恩润译，1928年。

〔美〕塞斯顿《教育统计学纲要》，朱君毅译，1928年。

〔美〕塞斯顿《教育统计学纲要》，罗志儒译，1928年。

〔美〕伊利亚《大学之行政》，谢冰译，1928年。

1929年

〔英〕南尼《教育的重要原理及其根据》，刘朝阳译，1929年。

〔法〕卢梭《爱弥儿》（1、2、3），魏肇基译，1929年。

〔美〕鲍锐斯、绥尔克《乡村学校行政与辅导》，李之鹏译，1929年。

1930年

〔美〕杜威《德育原理》，张铭鼎译，1930年。

任白涛编译《改造中的欧美教育》，1930年。

〔美〕马克马利《设计教学法》，杨廉译，1930年。

〔美〕察忒斯《理想的培育法》，吴增芥译，1930年。

〔德〕高普《儿童心理学》，陈大齐译述，1930年。

〔日〕三田谷启《儿童教养法》，戴建新译，1930年。

〔法〕孟丹尼《孟氏幼稚教育法》，雷通群编译，1930年。

1931年

〔美〕巴格莱、克玉书《教学概论》，林笃信译，1931年。

〔英〕罗素《罗素教育论》，柳其伟译，1931年。

〔美〕瑞德《小学各科教学法》，水康明译，1931年。

〔丹麦〕贝脱勒《丹麦的民众学校与农村》，孟宪承译，1931年。

1932年

〔美〕波特《现代教育学说》，孟宪承译，1932年。

〔法〕贝纳《儿童学的新观念》，曾展谟译，1932年。

1933年

〔美〕杜威讲演、郭智方等笔记《杜威教育哲学》，1933年。

〔瑞士〕多特棱《奥国的新教育》，柳其伟等译，1933年。

〔英〕斯宾塞《教育论》，任鸿隽译，1933年。

〔美〕杜威《民主主义与教育》，邹恩润译，1933年。

〔日〕中岛半次郎《教育思潮大观》，郑次川译，1933年。

〔美〕比塞尔、邓肯《现代教育的趋势》，严既澄译，1933年。

〔日〕太漱甚太郎《现代教育思潮》，郑次川、林科棠译，1933年。

〔美〕桑代克《成人的学习》，杜佐周、朱君毅译，1933年。

〔美〕葛恒《职业指导之原则与实施》，潘文安、蒋应生译，1933年。

〔美〕瓦格涅《视学纲要》，姜琦、杨慎宜译，1933年。

1934年

〔美〕舒慈《中等学校算学教学法》，苏笠夫译，1934年。

〔日〕小川正行《德国新兴教育》，张安国译，1934年。

〔美〕波叶《丹麦的教育》，吴克刚译，1934年。

〔日〕阿部重考《欧美学校教育发达史》，廖英华译，1934年。

〔美〕里斯纳《近代西洋教育发达史》，陈明志、唐珏译，1934年。

〔美〕葛雷德《心理与教育之统计法》，朱君毅译述，1934年。

〔美〕汉士《教育政策原理》，陈汝衡译，1934年。

〔美〕桑代克《人类的学习》，赵演译，1934年。

〔英〕罗素《教育与群治》，赵演译，1934年。

《各国教育的哲学背境（景）》，陈礼江等译，1934年。

〔英〕诺武德《英国教育制度》，李鼎声译，1934年。

〔日〕小西重直《劳作教育》，张安国译，1934年。

〔美〕施丹白登《中小学训导实施法》，张绳祖译，1934年。

〔德〕考夫卡《儿童心理学新论》，高觉敷译，1934年。

〔美〕顾芬丽《墨西哥的民众学校》，缪维章译，1934年。

1935年

〔美〕查浦曼、康茨《教育原理》，赵演改译，1935年。

〔美〕里德水《小学各科心理学》，康民译，1935年。

〔日〕小原国芳《日本教育史》，吴家镇、戴景曦译，1935年。

〔英〕科尔《西洋教育思潮发达史》，于熙俭译，1935年。

〔美〕桑代克、盖次《教育之基本原理》，宋桂煌译，1935年。

〔美〕杜威《教育科学之资源》，丘瑾璋译述，1935年。

〔日〕永野芳夫《杜威教育学说之研究》，林科棠译，1935年。

〔美〕史密斯《前进的教育》，董任坚译，1935年。

〔美〕麦理安（梅里亚姆）《公民教育》，黄嘉德译，1935年。

〔美〕葛雷德《心理与教育之统计法》，朱君毅译，1935年。

〔日〕下村寿一《日本教育制度》，马宗荣译，1935年。

莫若强编译《职业指导与职工选择》，1935年。

〔美〕迈尔那特《课外活动的组织与行政》，李相勋、陈启肃译，1935年。

〔日〕高田休广、小笠原丰光《日本教育行政通论》，马宗荣译，1935年。

1936年

〔德〕赫尔巴特《普通教育学》，尚仲衣译，1936年。

〔美〕盖次《教育心理学》，宋桂煌译述，1936年。

〔美〕美国内务部教育署全国教育财政调查团《教育财政学原论》，陈友松译述，
　　1936年。

〔英〕华勒士《思想的方法》，胡贻谷译，1936年。

〔美〕杜威《思维与教学》，孟宪承、俞庆棠译，1936年。

〔英〕马斯《实用学习心理精要》，高山译，1936年。

〔美〕麦柯《教育实验法》，薛鸿志译，1936年。

〔日〕岛田正藏《现代新教育彻览》，雷通群译，1936年。

〔美〕史密斯等《平面几何学测验》，陈岳生译，1936年。

〔美〕斯密斯《建设的学校训育》，范寓梅译述，1936年。

赵演编译《六十七国教育制度一览》，1936年。

喻鉴清编译《各国职业指导》，1936年。

〔日〕西本三十二《学校播音的理论与实际》，金溟若译，1936年。

〔美〕阿莱特《初期儿童心理学》，朱镇荪译，1936年。

〔挪威〕英格《儿童绘画心理之研究》，龚启昌译，1936年。

1937年

〔奥〕阿德勒《儿童教育》，包玉珂译，1937年。

〔俄〕亚尔钦《苏联儿童教育讲座》，崔晓立译，1937年。

〔美〕斯密斯等《教育心理学大纲》，王书林、郑德萍译，1937年。

〔美〕彼得斯《教育社会学原论》，鲁继曾译，1937年。

〔瑞士〕裴斯泰洛齐《贤伉俪》，傅任敢译，1937年。

〔美〕吴伟士《适应与娴熟》，张孟休译，1937年。

〔日〕高冈实《英国之成人教育》，陈清泉译，1937年。

〔美〕孟利欧《美国公民教育》，严菊生译，1937年。

〔美〕克拉夫、司乃德《意大利公民教育》，胡贻谷译，1937年。

〔美〕哈珀《苏联公民教育》，马复、曹建译，1937年。

〔英〕洛克《教育漫话》，傅任敢译，1937年。

〔美〕普林格尔《中学训育心理学》，李相勖、徐君梅译，1937年。

1938年

〔日〕细谷俊夫《教育环境学》，雷通群译，1938年。

〔美〕格莱夫斯《中世教育史》，吴康译，1938年。

〔法〕维砸尔《龚多塞与民治教育》，刘保寰译，1938年。

〔美〕高士《英国公民教育》，黄嘉德译，1938年。

〔美〕布鲁克斯《瑞士公民教育》，鲁继曾译，1938年。

〔美〕吉桢《美国校外职业指导实况》，何清儒、郑文汉译，1938年。

〔美〕华生《孩童的心理教养法》，惠迪人译，1938年。

1939年

〔捷克〕夸美纽斯《大教授学》，傅仁敢译，1939年。

〔美〕谷德《教育研究法》，李相勖、陈启肃译，1939年。

〔美〕夫利曼《小学各科心理学》，陈鹤琴等译，1939年。

〔美〕坎德尔《比较教育》，罗廷光、韦悫合译，1939年。

〔美〕桑代克《成人的兴趣》，陈礼江、喻任声译，1939年。

〔美〕彼得斯《公民教育详解》，鲁继曾译，1939年。

〔美〕嘿兹力特《幼儿心理学》，宋桂煌译，1939年。

普天编译《现代德国教育思想概观》，1939年。

〔英〕拉斯克《幼稚教育史》，周竞中译，1939年。

1940年

〔法〕卢梭、福禄贝尔，〔古希腊〕色诺芬《莉娜及其他》，傅仁敢译，1940年。

〔日〕野上俊夫《青年心理与教育》，朱智贤译，1940年。

〔美〕杜威《经验与教育》，曾昭森译，1940年。

〔法〕龚辟黎《查理德米亚与初级教育之起源》，刘保寰译，1940年。

〔奥〕俾勒、黑采《儿童发展测验》，徐儒译，1940年。

屠哲隐编译《学校人事管理》，1940年。

1941年

〔叙利亚〕托太哈《回教教育史》，马坚译，1941年。

1943年

〔美〕巴比特《课程编制》，熊子容译，1943年。

1944年

〔美〕锐甫《中学教学法》，孙邦正译，1944年。

〔美〕吉特《教育之科学的研究》，郑宗海译，1944年。

1945年

〔英〕阿道夫鲁尔夫《演变中之大学教育》，许孟瀛译，1945年。

1947年

〔美〕鲁塞克《社会学与教育》，许孟瀛译，1947年。

郑晓沧译《东方白: 美国派赴日本教育团报告书》, 1947年。

1948年

〔美〕克伯屈《新教育原理》, 朱炳乾译, 1948年。

〔英〕罗思《现代教育学说》, 孙邦正、方东澄译, 1948年。

联合国教育科学《基本教育》(上、下), 王承绪译述, 1948年。

〔美〕弗里曼《小学各科心理学》, 陈鹤琴、陈尧旭译, 1948年。

〔美〕穆尔德、温先听《美国国民教育之新趋势》, 曾大钧译, 1948年。

〔美〕美国职业介绍局编《就业辅导手册》, 麦伯祥译述, 1948年。

〔英〕巴葛《英国大学》, 张芝联译, 1948年。

1949年

〔英〕邓特《英国教育》, 王承绪译述, 1949年。

三、20世纪上半叶商务印书馆出版的国人自撰教育学著作和教材

1. 作为一门学科的教育学

蒋维乔《教育学》，1909年。

张子和编《大教育学》，1914年。

张毓骢编撰《教育学》，1914年。

王凤岐编《单级教授讲义教育学》，
　　1915年。

余寄编《教育学要览》，1917年。

韩定生编纂《教育学讲义》，1918年。

蒋维乔编《教育学讲义》，1919年。

舒新城编《实用教育学》，1920年。

缪序宾编《动的教育学》，1921年。

杨嘉椿《新著教育学》，1922年。

张子和编《实用教育学》，1922年。

孙贵定编《教育学原理》，1923年。

孙振编纂《教育学讲义》，1926年。

张九如编《三民主义教育学》，1928年。

卢绍稷《三民主义与教育》，1930年。

蒋径三编著《文化教育学》，1936年。

王凤岐讲述《教育学》。

2. 教育概论

孟宪承编《教育概论》，1933年。

张宗麟编著《教育概论》，1937年。

范任宇《教育概论》，1943年。

金澍荣编《教育概论》。

3. 教育通论

孟宪承、陈学恂编《教育通论》，1937年。

邱觉心编著《教育通论》，1947年。

4. 教育原理

蒋梦麟《中国教育原理》，1925年。

5. 教学法

蒋维乔编《教授法讲义》，1913年。

钱体纯编《教授法》，1915年。

范祥善编《复式教授法（自习主义）》，
　　1915年。

朱元善《理科新教授法》，1916年。

蒋维乔编《各科教授法》，1916年。

余寄编《教授法要览》，1917年。

赵宗预编《新著设计教学法》，1922年。

王砥平编《低学年设计教学法》，1923年。

芮佳瑞《道尔顿制原理》，1923年。

芮佳瑞《实验设计教学法》，1923年。

范寿康编《各科教授法》，1923年。

赵宗预编《新著各科教学法》，1923年。

新学制实施讨论会编《新学制小学实
　　施教学法》，1923年。

陈达等编《小学校道尔顿制实施法》，
　　1924年。

朱鼎元编《现代小学教学法纲要》，
　　1925年。

陈兼善《中学校之博物教学法》，1925年。

刘百川编《小学教学法通论》，1926年。

张九如等编《新学制小学各科教学法》，
　　1926年。

周铭三等编《中学国语教学法》，1926年。

赵宗预编《设计式的各科教学法》，
　　1926年。

汤鸿羲《道尔顿制之新表格》，1926年。

张九如编《三民主义教育下各科教学法
　　概要》，1927年。

吴研因、王志瑞《小学历史科教学法》，
　　1929年。

俞子夷《小学算术科教学法》，1929年。

程湘帆《教学指导》，1929年。

沈百英编《设计教学演讲集》，1929年。

舒新城编《现代教育方法》，1930年。

罗廷光编《普通教学法》，1930年。

赵欲仁《小学国语科教学法》，1930年。

薛天汉编《最新实验设计教学法》，
　　1931年。

赵廷为编《小学教学法通论》，1931年。

沈百英编《小学社会科教学法》，1931年。

程其保编《教学法概要》，1931年。

刘虎如《小学地理科教学法》，1931年。

杜亚泉《小学自然科教学法》，1931年。

周越然编《初级外国语科教学法》，
　　1932年。

范寿康《各科教学法》，1933年。

潘志澄等编《复兴常识教学法》，1933年。

程瀚章《小学校卫生科教学法》，1933年。

姚虚谷编《复式教学法》，1934年。

钟鲁斋《小学各科新教学法之研究》，
　　1934年。

赵廷为《小学教材及教学法》（1、2两
　　册），1935年。

胡毅《中学教学法原理》，1935年。

费锡胤编《复兴音乐教学法》，1935年。

沈雷渔等编《小学各科教学法》，1937年。

江景双编《复兴算术教学法》，1937年。

钟鲁斋《中学各科教学法》，1938年。

沈文亮编《以劳作为中心的设计教学》，
　　1938年。

赵廷为《教材及教学法通论》，1944年。

龚启昌《中学普通教学法》，1945年。

杨骏如等《各科教学技术》，1948年。

赵廷为编《小学教材及教学法通论》，
　　1948年。

刘开达编《中学数学教学法》，1949年。

潘锡纯编《地理教学法》（三册）。

6. 课程论

程湘帆编《小学课程概论》，1923年。

熊子容《课程编制原理》，1934年。

7. 德育原理

蒋拙诚编著《道德教育论》，1919年。

余家菊等编《训育之理论与实际》，
　　1925年。

李康复等《小学训育的实际》，1929年。

吴俊升《德育原理》，1935年。

李相勖《训育论》，1935年。

汪少伦《训育原理与实施》，1943年。

8. 幼稚教育

萧恩承编著《儿童心理学》，1922年。

陈华编《实际幼稚园学》，1926年。

王骏声编《幼稚园教育》，1927年。

张雪门编《幼稚园教育概论》，1931年。

张雪门编《幼稚园课程编制》，1931年。

张宗麟《幼稚园的社会》，1933年。

葛承训编《幼稚园的管理》，1933年。

沈百英《幼稚园的故事》，1933年。

雷震清编《幼稚园的自然》，1935年。

樊兆庚编《幼稚教育》，1935年。

张宗麟《幼稚园的演变史》，1935年。

苏颉夫编《幼稚园的设备》，1935年。

梁士杰《幼稚园教材研究》，1935年。

周尚编《幼稚园的卫生教育》，1936年。

萧孝嵘编著《儿童心理学》，1936年。

邹德惠《幼稚园的游戏》，1937年。

沈建男等编《幼稚园的工作》，1940年。

赵琳《婴儿园教育》，1948年。

9. 初等教育

程其保编《小学教育概论》，1929年。

程其保编《小学教育》，1931年。

杜佐周、姜琦《普通教育》，1933年。

吴研因、翁之达编《中国之小学教育》，

1934年。

董任坚编《小学教育的改造》，1936年。

吴增芥《初等教育》，1948年。

10. 中等教育

廖世承编《中学教育》，1924年。

郑宗海等《初级中学教育》，1925年。

袁伯樵《中等教育》，1949年。

11. 大学教育

孟宪承《大学教育》，1934年。

12. 特殊教育

周维城《特别教育》，1916年。

邰爽秋等《特殊教育之实施》，1925年。

华林一《低能教育》，1929年。

华林一《残废教育》，1929年。

陈德征《天才儿童教育》，1931年。

庞君博编《特殊儿童教育法》，1936年。

13. 家庭教育

熊翥高《家庭教育与学校》，1923年。

陈鹤琴《家庭教育》，1925年。

黄觉民编《家庭教育之理论与实际》，

1937年。

14. 社会教育

谢荫昌《社会教育》，1913年。

马宗荣《社会教育概说》，1925年。

孙逸园编《社会教育设施法》，1926年。

马宗荣《社会教育事业十讲》，1936年。

马宗荣《社会教育纲要》，1937年。

蒋建白、吕海澜《中国社会教育行政》，

1937年。

赵冕《社会教育行政》，1938年。

吴鼎编《小学怎样兼办社会教育》，
　1940年。

15. 民众教育

高践四《民众教育》，1934年。

甘豫源编《乡村民众教育》，1934年。

陈礼江编《民众教育》，1935年。

马宗荣编《识字运动　民众学校经营的
　理论与实际》，1935年。

邱冶新编《民众学校训育实施法》，
　1935年。

林宗礼《民众教育馆实施法》，1936年。

许公鉴《民众教育视导》，1937年。

彭大铨《教育馆》，1937年。

杨佩文《民众教育实施法》，1937年。

徐旭《图书馆与民众教育》，1941年。

顾岳中《民众教育》，1948年。

武可恒《民众科学教育》，1948年。

16. 成人教育

马宗荣、黄雪章《中国成人教育问题》
　（上、下），1937年。

17. 职业教育

庄泽宣编《职业指导实验》（第1辑），
　1925年。

庄泽宣《职业教育概论》，1926年。

庄泽宣《职业教育》，1929年。

廖世承编《中国职业教育问题》，1929年。

庄泽宣《职业教育通论》，1933年。

潘文安等编《小学职业指导实施法》，
　1933年。

潘文安编《日本之职业教育》，1934年。

章之汶、辛润棠《农业职业教育》，
　1937年。

何清儒《职业指导学》，1939年。

何清儒《职业教育学》，1941年。

18. 电化教育

宗亮东编《教育电影概论》，1936年。

陈友松《有声的教育电影》，1937年。

赵光涛《电化教育概论》，1948年。

19. 师范教育

贾丰臻《师范学校论》，1915年。

古楳编著《乡村师范概要》，1936年。

李超英《中国师范教育论》，1940年。

张达善《师范教育的理论与实际》，
　1947年。

20. 农村教育

顾复编《农村教育》，1923年。

陈兆庆《中国农村教育概论》，1937年。

21. 乡村教育

喻谟烈编《乡村教育》，1927年。

储劲编《乡村教育》，1928年。

盛振声编《乡村小学视导法》，1934年。

古楳编《乡村教育》，1935年。

徐阶平《乡村小学训育的实际》，
　1935年。

龙发甲《乡村教育概论》，1937年。

于藻《乡村教育》，1938年。

22. 教育哲学

李石岑等《教育哲学》，1925年。

萧恩承《教育哲学》，1925年。

朱兆萃《实验主义与教育》，1929年。

薛文蔚《自然主义与教育》，1930年。

陆人骥《教育哲学》，1931年。

薛文蔚《人文主义与教育》，1933年。

吴俊升《教育哲学大纲》，1935年。

朱经农《教育思想》，1947年。

23. 教育社会学

陶孟和《社会与教育》，1922年。

陶孟和《新学制高级中学教科书　社会
问题》，1924年。

厚生等《社会学与教育》，1925年。

雷通群《教育社会学》，1931年。

卢绍稷《教育社会学》，1933年。

24. 教育心理学

朱元善编纂《学习之心理》，1917年。

舒新城编《教育心理学纲要》，1922年。

吴致觉《教育心理学》，1923年。

高觉敷《教育心理学大意》，1929年。

艾伟编《初级教育心理学》，1933年。

艾伟编《教育心理学》（上、下册），
1933年。

陈礼江《教育心理学》，1934年。

黄觉民编著《教育心理学》，1935年。

陈礼江、陈友端编著《教育心理学》，
1937年。

陈选善编《教育心理》，1938年。

吴增芥编《小学各科学习心理》，
1939年。

艾伟编辑《教育心理学大观》（上、中、
下），1945年。

高觉敷编《师范学校教育心理》（上、下
册），1948年。

陈永福编《教育心理学》，1948年。

25. 学校管理或学校行政

蒋维乔《学校管理法》，1909年。

陆费逵编《管理法讲义》，1914年。

金承望编《学校管理法》，1914年。

郭秉文《学校管理法》，1916年。

范寿康编《学校管理法》，1923年。

芮佳瑞《小学行政及组织》，1924年。

程其保等《小学行政概要》，1926年。

沈雷渔编《小学组织法》，1926年。

杜佐周编《小学行政》，1931年。

王素意《校长和小学》，1933年。

黄玉树《小学教师》，1935年。

刘百川编《小学校长与教师》，1935年。

邹湘编《小学行政大纲》，1935年。

陈侠编《小学级务处理法》，1935年。

26. 教育行政

姜琦、邱椿《中国新教育行政制度研究》，
1928年。

杜佐周《教育与学校行政原理》，
　　1930年。

程湘帆《中国教育行政》，1930年。

邵鸣九编《地方教育行政》，1933年。

张季信编《中国教育行政大纲》，
　　1934年。

曾毅夫编著《地方教育行政》，
　　1935年。

马宗荣《最近中国教育行政四讲》，
　　1938年。

杨鸿烈《教育之行政学的新研究》，
　　1939年。

罗廷光《教育行政》（上、下册），
　　1943年。

孙邦正编著《教育视导大纲》，1944年。

27. 学校卫生

俞凤宾《学校卫生要旨》，1925年。

程瀚章《学校卫生论》，1930年。

程瀚章《学校卫生行政》，1930年。

上官悟尘《学校卫生》，1930年。

李廷安《学校卫生概要》，1930年。

28. 中国教育史

杨游编《教育史》，1914年。

郭秉文《中国教育制度沿革史》，
　　1916年。

余寄编《教育史要览》，1917年。

张华年编纂《新体教育史讲义》，1918年。

范寿康编《教育史》，1923年。

王凤喈《中国教育史大纲》，1928年。

黄炎培《中国教育史要》，1930年。

徐式圭《中国教育史略》，1931年。

陈东原《中国古代教育》，1931年。

周予同《中国学校制度》，1931年。

王一鸿《中国古代教育思潮》，1931年。

姜琦编《教育史》，1932年。

卢绍稷《中国现代教育》，1933年。

陈东原《中国科举时代之教育》，
　　1934年。

姜书阁编著《中国近代教育制度》，
　　1934年。

萧恩承《中国近代教育史》（英文本），
　　1935年。

陈青之《中国教育史》，1936年。

陈东原《中国教育史》，1936年。

任时先《中国教育思想史》（上、下册），
　　1937年。

刘伯骥《广东书院制度沿革》，1939年。

吴学信《社会教育史》，1939年。

张敬熙《三十年来之西康教育》（上），
　　1939年。

29. 外国教育史

樊炳清《现代教育思潮》，1915年。

王骏声编《晚近教育学说概论》，1923年。

吴家镇《世界各国学制考》，1924年。

郑次川编《教育思潮概说》，1925年。

范锜《最近欧美教育思潮》，1925年。

王海初《西洋教育小史》，1926年。

欧阳祖经编《欧美女子教育史》，
　　1926年。

徐益棠编《现代教育思潮》，1929年。

高卓《现代教育思潮》，1930年。

孟宪承《西洋古代教育》，1931年。

瞿世英编《西洋教育思想史》（上、下
　　册），1931年。

庄泽宣等《世界教育新潮》，1933年。

蒋径三编《西洋教育思想史》（上、下
　　册），1934年。

雷通群《西洋教育通史》，1934年。

雷通群《新兴的世界教育思潮》，1935年。

姜琦编《现代西洋教育史》（上、中、下
　　册），1935年。

李化方编著《欧美劳作教育思想史》，
　　1936年。

朱经农《近代教育思潮七讲》，1941年。

吴增芥编著《各国初等教育发展史》，
　　1948年。

30. 比较教育

熊卿云等编《各国教育谈》，1924年。

太玄等《欧战后各国教育之改革》，
　　1925年。

任白涛《欧美之义务补习教育》，1925年。

李之鹏编《各国师范教育概观》，
　　1927年。

庄泽宣编《各国教育比较论》，1929年。

姜琦、邱椿《欧战后之西洋教育》，
　　1929年。

常导之《德法英美四国教育概观》，
　　1930年。

庄泽宣《各国学制概要》，1931年。

史美煊编《苏俄新教育概观》，1933年。

庄泽宣等《世界教育新潮》，1933年。

陈作樑、刘家塝编《比较教育》，1934年。

钟鲁斋《比较教育》，1935年。

袁学礼《各国小学教育比较论》，1935年。

陈友松《各国社会教育事业》，1937年。

李楚林编著《坎拿大教育》，1937年。

曾作忠编著《意大利教育》，1937年。

张怀编著《比国教育》，1937年。

张怀、韦悫编著《波兰教育》，1937年。

葛建时编《日本地方教育》，1937年。

钟鲁斋编著《德国教育》，1937年。

曹炎申编著《美国教育》，1937年。

程国扬《改造中的欧洲教育》，1938年。

罗廷光《最近欧美教育综览》（上、中、
　　下），1939年。

梁瓯第《一九一四至一九一八年欧战时
　　美国的大学》，1940年。

陈友松《苏联的教育》，1944年。

王承绪《战后英国的小学教育》，1948年。

孙运仁《战后苏联的国民教育》，1948年。

31. 教育科学

朱元善编《教育学与各科学》，1915年。

32. 教育研究方法

钟鲁斋《教育之科学研究法》, 1935年。

33. 教育统计学

薛鸿志等编《教育统计法》, 1925年。

朱君毅《教育统计学》, 1926年。

王书林《教育统计学》, 1937年。

34. 教育测验与统计

俞子夷编《测验统计法概要》, 1924年。

朱君毅编《教育测验与统计》, 1933年。

杨思明编著《测验与统计》, 1948年。

常彦春编《测验与统计》, 1948年。

35. 教育测验

华超编《教育测验纲要》, 1925年。

廖世承、陈鹤琴编《测验概要》, 1925年。

华超编《教育测验概要》, 1931年。

陈选善编《教育测验》, 1934年。

王书林《心理与教育测量》, 1935年。

36.教育生物学

陈兼善、高卓《教育之生物学的基础》, 1925年。

参考文献

一、史料类

《尚公记》，商务印书馆，1916年。

沈百英《商务印书馆附设尚公学校养真幼稚园概况》，商务印书馆，1926年。

张静庐主编《中国近代出版史料》《中国现代出版史料》《中国出版史料补编》，中华书局，1953、1954、1957年。

商务印书馆《商务印书馆图书目录（1897—1949）》，商务印书馆，1981年。

朱有瓛主编《中国近代学制史料》，华东师范大学出版社，1983～1992年（共七卷）。

陈学恂《中国近代教育史教学参考资料》，人民教育出版社，1986～1987年（共3册）。

蔡元培等《商务印书馆九十年：我和商务印书馆（1897—1987）》，商务印书馆，1987年。

《中国出版年鉴（1988）》，中国书籍出版社，1989年。

高平叔选编《蔡元培教育论著选》，人民教育出版社，1991年。

《商务印书馆九十五年：我和商务印书馆（1897—1992）》，商务印书馆，1992年。

台湾商务印书馆《商务印书馆100周年/在台50周年》，商务印书馆，1997年。

汪家熔《商务印书馆史及其他——汪家熔出版史研究文集》，中国书籍出版社，1998年。

《商务印书馆一百年（1897—1997）》，商务印书馆，1998年。

《商务印书馆110年大事记（1897—2007）》，商务印书馆，2007年。

《教育杂志》《东方杂志》刊载的文章。

二、著作类

郭秉文《中国教育制度沿革史》，商务印书馆，1916年。

蒋复璁等《王云五先生与近代中国》，台湾商务印书馆，1987年。

叶宋曼瑛《从翰林到出版家——张元济的生平与事业》，香港商务印书馆，
  1992年。

罗荣渠《现代化新论——世界与中国的现代化进程》，北京大学出版社，1993年。

周谷平《近代西方教育理论在中国的传播》，广东教育出版社，1996年。

杜成宪等《中国教育史学九十年》，华东师范大学出版社，1998年。

吴相《从印刷作坊到出版重镇》，广西教育出版社，1999年。

王建辉《文化的商务——王云五专题研究》，商务印书馆，2000年。

熊明安、周洪宇《中国近现代教育实验史》，山东教育出版社，2001年。

郑金洲、瞿葆奎《中国教育学百年》，教育科学出版社，2002年。

李家驹《商务印书馆与近代知识文化的传播》，商务印书馆，2005年。

史春风《商务印书馆与中国近代文化》，北京大学出版社，2006年。

侯怀银《中国教育学发展问题研究——以20世纪上半叶为中心》，山西教育出版社，
  2008年。

陈桂生《教育学的建构》，华东师范大学出版社，2009年。

王涛等编《商务印书馆一百一十年（1897—2007）》，商务印书馆，2009年。

朱永刚《王云五的出版经营管理思想与实践》，华东师范大学出版社，2009年。

王学哲、方鹏程《商务印书馆百年经营史（1897—2007）》，华中师范大学出版社，
  2010年。

王坤庆《教育哲学新编》，华中师范大学出版社，2010年。

侯怀银《20世纪中国教育学发展问题研究》，北京师范大学出版社，2011年。

陈竞蓉《教育交流与社会变迁：哥伦比亚大学与现代中国教育》，华中科技大学出
  版社，2011年。

王有亮《〈教育杂志〉与近代教育考论》，中央民族大学出版社，2012年。

李光伯《中国复式教学史》，南京师范大学出版社，2014年。

范军、何国梅《商务印书馆企业制度研究（1897—1949）》，华中师范大学出版社，
　　2014年。

三、期刊类

汪懋祖《现时我国教育上之弊病与其救治之方针》，《教育丛刊》，1923年第4卷第
　　4集。

蔡振生《近代译介西方教育的历史考察》，《北京师范大学学报（社会科学版）》，
　　1989年第2期。

周谷平《近代西方教育学在中国的传播及其影响》，《华东师范大学学报（教育科
　　学版）》，1991年第3期。

严如平《试论王云五在中国近代出版史中的地位》，《民国档案》，1992年第12期。

熊月之《晚清西学东渐史概论》，《上海社会科学院学术季刊》，1995年第1期。

李辉《王云五与东方图书馆》，《图书馆工作与研究》，1999年第9期。

肖朗《近代西方教育导入中国之探源——艾儒略与明末西方教育的导入》，《教育史
　　研究》，1999年第2期。

肖朗《花之安〈德国学校论略〉初探》，《华东师范大学学报（教育科学版）》，2000
　　年第2期。

史春风《原创性选题——商务印书馆早期经营管理的灵魂》，《出版发行研究》，
　　2001年第10期。

周谷平、朱有刚《〈教育杂志〉与近代西方教育的传播》，《教育评论》，2002年第
　　3期。

李喜所《辛亥革命时期学术文化的变迁》，《史学集刊》，2003年第1期。

田正平、商丽浩《中国教育期刊的现代化特征》，《高等教育研究》，2003年第
　　1期。

黄兴涛、胡文生《论戊戌维新时期中国学术现代转型的整体萌发——兼谈清末民
　　初学术转型的内涵和动力问题》，《清史研究》，2005年第4期。

戴慧英《藏书家张元济与涵芬楼》，《甘肃社会科学》，2006年第5期。

田正平《应重视中国早期现代化问题研究》，《河北师范大学学报（教育科学版）》，2006年第3期。

王有亮《〈教育杂志〉创刊日期考》，《内蒙古师范大学学报（教育科学版）》，2007年第12期。

潘文年《20世纪前半期的商务印书馆给我国现代出版企业的启示》，《出版科学》，2007年第2期。

王有亮《〈教育杂志〉与我国对教师专业化问题的早期探索》，《教师教育研究》，2008年第1期。

姜朝晖《20世纪初期知识分子对职业化的心态——评〈教育杂志〉关于学术独立的通信》，《华中师范大学学报（人文社会科学版）》，2008年第1期。

王有亮《〈教育杂志〉创办动机考辨》，《教育学报》，2009年第2期。

李辉《试论王云五在中国现代出版史上的地位》，《河南大学学报（社会科学版）》，2009年第1期。

黄德泉《上海商务印书馆初创活动影片考》，《当代电影》，2010年第5期。

肖朗、黄国庭《五四新文化运动前后〈教育杂志〉作者群体的转变——基于量化的分析》，《大学教育科学》，2010年第3期。

赵惠康、杨爱华《早期上海商务印书馆教育电影寻踪》，《电化教育研究》，2010年第6期。

肖朗、张秀坤《王云五与近代教育出版家的主体意识——以〈商务印书馆与新教育年谱〉为考察中心》，《浙江大学学报（人文社会科学版）》，2011年第4期。

肖春芳《商务印书馆电影业务消失原因探究》，《北京电影学院学报》，2012年第4期。

周洪宇、李艳莉《郭秉文与现代中国实用主义教育学术范式的建立——基于〈中国教育制度沿革史〉及相关论著的研究》，《教育学报》，2014年第5期。

杨聪雷《商务印书馆的电影生产及其经验教训》，《当代电影》，2015年第6期。

杨姜英《张元济的藏书思想探析》，《图书馆研究与工作》，2015年第12期。

黄剑《从消极到顺应：五四时期的张元济和商务印书馆》，《华中师范大学学报（人文社会科学版）》，2015年第1期。

肖朗、李斌《商务印书馆与近代中国教育电影》，《华中师范大学学报（人文社会科学版）》，2016年第1期。

四、硕博论文类

朱修春《引进与融合：清末民初西式教育的本土化——以〈教育杂志〉及其作者群为中心》，复旦大学博士后出站报告，2005年。

刘立德《商务印书馆与中国近代教育（1897—1937）》，北京师范大学博士学位论文，2008年。

张玲《商务印书馆电影业研究》，南京大学硕士学位论文，2011年。

五、传记、全集、回忆录、年谱长编类

古楳《三十五年的回忆》，民生印书馆，1935年。

包天笑《钏影楼回忆录》，香港大华出版社，1971年。

果鸿孝《中国著名爱国实业家》，人民出版社，1988年。

张树年《张元济年谱》，商务印书馆，1991年。

吴方《仁智的山水——张元济传》，上海文艺出版社，1994年。

高平叔《蔡元培年谱长编》（第1卷），人民教育出版社，1998年。

海盐县政协文史资料委员会、张元济图书馆编《出版大家张元济：张元济研究论文集》，学林出版社，2006年。

张元济《张元济全集》（第1～10卷），商务印书馆，2007～2010年。

张人凤、柳和城《张元济年谱长编》（上、下），上海交通大学出版社，2011年。

王云五《王云五文集6：岫庐八十自述》（上、下册），江西教育出版社，2011年。

郭本禹、魏宏波《心理学史一代宗师——高觉敷传》，南京师范大学出版社，2012年。

汪家熔《张元济》，上海辞书出版社，2012年。

六、译著外文类

Levy.M.J.,*Modernization and the Structure of the Societies: A Setting for International Affairs*, 1966.

〔美〕柯文《在中国发现历史: 中国中心观在美国的兴起》, 林同奇译, 中华书局, 1989年。

〔苏〕克鲁普斯卡雅《克鲁普斯卡雅教育文论》, 卫道治译, 湖北教育出版社, 1989年。

〔美〕韦尔伯·施拉姆《大众传播媒介与社会发展》, 金燕宁等译, 华夏出版社, 1990年。

〔法〕戴仁《上海商务印书馆: 1897—1949》, 李桐实译, 商务印书馆, 2000年。

〔加〕马歇尔·麦克卢汉《理解媒介: 论人的延伸》, 何道宽译, 商务印书馆, 2000年。